西方传统 经典与解释

Classici et commentarii

HERMES

HERMES

在古希腊神话中，赫耳墨斯是宙斯和迈亚的儿子，奥林波斯神们的信使，道路与边界之神，睡眠与梦想之神，亡灵的引导者，演说者、商人、小偷、旅者和牧人的保护神……

西方传统 经典与解释
Classici et commentarii

HERMES

古典学丛编

刘小枫◉主编

论完美城邦

——卓越城邦居民意见诸原则之书

On the Perfect State

法拉比（Abū Naṣr al-Fārābī）◉ 著

董修元◉译

华东师范大学出版社

华东师范大学出版社六点分社　策划

“古典学丛编”出版说明

近百年来,我国学界先后引进了西方现代文教的几乎所有各类学科——之所以说“几乎”,因为我们迄今尚未引进西方现代文教中的古典学。原因似乎不难理解:我们需要引进的是自己没有的东西——我国文教传统源远流长、一以贯之,并无“古典学问”与“现代学问”之分,其历史延续性和完整性,西方文教传统实难比拟。然而,清末废除科举制施行新学之后,我国文教传统被迫面临“古典学问”与“现代学问”的切割,从而有了现代意义上的“古今之争”。既然西方的现代性已然成了我们自己的现代性,如何对待已然变成“古典”的传统文教经典同样成了我们的问题。在这一历史背景下,我们实有必要深入认识在西方现代文教制度中已有近三百年历史的古典学这一与哲学、文学、史学并立的一级学科。

认识西方的古典学为的是应对我们自己所面临的现代文教问题:即能否化解、如何化解西方现代文明的挑战。西方的古典学乃现代文教制度的产物,带有难以抹去的现代学问品质。如果我们要建设自己的古典学,就不可唯西方的古典学传统是从,而是应该建设有中国特色的古典学:恢复古传文教经典在百年前尚且一以贯之地具有的现实教化作用。深入了解西方古典学的来龙去脉及其内在问题，有助于懂得前车之鉴：古典学为何自娱于"钻故纸堆"，与现代问题了不相干。认识西方古典学的成败得失，有助于我们体会到，成为一个真正的学人的必经之途，仍然是研习古传经典，中国的古典学理应是我们已然后现代化了的文教制度的基础——学习古传经典将带给我们的是通透的生活感觉、审慎的政治观念、高贵的伦理态度，永远有当下意义。本丛编旨在引介西方古典学的基本文献：凡学科建设、古典学史发微乃至具体的古典研究成果，一概统而编之。

古典文明研究工作坊
西方典籍编译部乙组
2011 年元月

目　录

中译本前言

《卓越城邦居民意见诸原则之书》是中古阿拉伯哲人法拉比的晚年著作。法拉比不是第一位阿拉伯哲人——这个称号已归于他的前辈肯迪(al-Kindī)——却毫无争议的是阿拉伯逍遥派的创始人。法拉比奠定学派家法的标志性举动就是恢复《后分析篇》在《工具论》教学中的核心地位,[①]使该书所揭示的证明论证程序成为阿拉伯逍遥派区分于运用辩证及修辞论证的基督教神学和伊斯兰凯拉姆(Kalām,即伊斯兰经院哲学,也译作辩证神学)的方法论根据。在此导向之下,法拉比毕生致力于阐发柏拉图与亚里士多德的经典哲学文本中所包含的知识体系及其证明性根据,相对于这些注疏性著作,《卓越城邦居民意见诸原则之书》似乎是一个例外:它只是概述各门知识而并不提供证明,而且全书无直接征

---

① 法拉比建构了一套逻辑学传承的道统:始于古典希腊,在亚里士多德手中臻于成熟,在希腊化时代由雅典传至亚历山大里亚,到基督教时代仅剩亚历山大里亚一支传承,而且基督教当局出于神学考虑,将《前分析篇》直言三段论之后的部分以及全部《后分析篇》摒除在逻辑学教学之外;这种基督教内"删节"的逻辑学在伊斯兰征服之后从亚历山大里亚传至安提阿与哈兰,此后又传到巴格达,法拉比本人就是在巴格达从基督徒学者处习得《工具论》,但他坚持学完了《后分析篇》。见 Nicholas Rescher, "Al-Farabi on Logical Tradition", *Journal of the History of Ideas*, Vol. 24, No. 1 (Jan. -Mar., 1963), 页 131-132。

引,甚至没有提到两位哲学宗师的名字。这促使沃尔泽判断此书是一部针对并非哲学学徒的阿拉伯知识分子的哲学普及性著作。

沃氏的判断自有其理据和解释力,但译者觉得还是有必要补充一点观察。法拉比为自己设定的大任是复兴古典哲学传统,在他看来,这个传统被吸纳和利用哲学的基督教神学家们扭曲了。[①]当然,法拉比不是在思想真空之中做“拨乱反正”的工作,他面对另一种占据主流地位的启示宗教,即伊斯兰教。他沿用前普罗提诺的柏拉图学派传统,以政治哲学的框架来收纳宗教。不过,与柏拉图及其门徒所面对的多元化的、以神话—仪式形式呈现的希腊宗教不同,伊斯兰教作为一神教具有单一、排他的真理宣称,而且在当时已经形成了对这种真理版本的系统表述(伊斯兰教法学与凯拉姆)。他需要熔铸一种新的知识框架来理顺哲学诸学科与各种宗教学科的关系,他在《字母之书》中给出了这个框架的轮廓:

> 一般说来,宗教——如果被看作是人为的——在时间上晚于哲学,因为它旨在教授大众理论的与实践的知识,这些知识是源出于哲学的;这种教诲以大众所能理解的方式进行,或通过说服,或诉诸想象,或者二者兼而有之。凯拉姆和教法学的技艺在时间上又晚于宗教,并从属于它。既然宗教是作为一种意见或修辞形式从属于某种古代哲学的,凯拉姆和教法学就也是从属于它并相应地低于它的。[②]

① 除了逻辑学方面的选择性应用,亚历山大里亚的基督教神学家对哲学传统“入室操戈”式的处理还体现于自然哲学领域,法拉比的相关态度见 M. Mahdi, “Alfarabi against Philoponus”, *Journal of Near Eastern Studies*, 1967, vol.26, 页 256-257。

② Alfarabi, *Book of Letters* (*Kitāb al-Ḥurūf*), Dar al-Machreq, 1970, 页 131; 英译文见 Lawrence V. Berman, “*Maimonides: the Disciple of Alfarabi*”, in *Maimonides: A Collection of Critical Essays*, University of Notre Dame Press, 1988, 页 196。

由此,宗教本身是哲学知识的一种象征性表达形式,其目的在于教诲大众,使后者按照一种适应于这种知识(既包括政治哲学知识也包括为其奠基的自然哲学和形而上学知识)的方式生活,以建立公正的社会秩序并实现基本的灵魂完善。宗教最初是城邦创立者(伊玛目—哲学王)为某一共同体量身定制的一系列观念与行为方面的规范,①在其身后以传统信念和律法的形式被固定化。凯拉姆和教法学是服务于宗教传统的,前者在异教的攻击下以辩证论证的方式维护本教教义,后者则对规定生活方式的律法进行演绎从而使它适用于纷繁、变易的生活环境。② 换句话说,宗教是将哲学知识贯彻到公共生活层面的一种工具,是从属于政治哲学的一种技艺,而教法学和凯拉姆则是服务于这种工具的次级工具。知识是普遍的,技艺则面对千差万别的个体情况。随着人群的流品、构成及生活环境的不同,宗教也会采取不同的面貌。但所有这些彼此不同的宗教都有一个共通的目的,就是传达为建立社会秩序和实现灵魂完善所必需的知识。《卓越城邦居民意见诸原则之书》的写作,就是为了明确这些必需知识的范围:法拉比相信,它们已经被分门别类的学科所证明,在这里不需要再做重复的工作。同时,这种政治哲学视野为我们理解法拉比神学表述中的一个特异之处提供了些许照明。此书在论及神圣属性的时候单单忽略了《古兰经》和凯拉姆神学中着力强调的神的意志这一属性。这大概不是疏忽所致,而是由于作者认为,伊斯兰教强调神圣意志的教理乃是因应具体情况的个例,不属于普遍的、在任何情况下都必不可少的原则性知识。

对这些必需知识的澄明,还有另外一个功能,就是确立衡量各

---

① 《宗教之书》(*Book of Religion*),见 Charles E. Butterworth, *Alfarabi: The Political Writings*, Cornell University Press, 2001, 页 93。

② 《学科列举》(*Enumeration of the Sciences*),见 Charles E. Butterworth, *Alfarabi: The Political Writings*, 页 80。

种宗教教理—立法的标准。法拉比所置身的10世纪伊斯兰世界，是各种神学—政治派别激烈争斗乃至搏杀的竞技场，每一派都有一套独家的神圣谱系和制度安排。正如今日的阿拉伯知识分子，当时的穆斯林精英们同样面对伊斯兰世界要往何处去的问题，法拉比所代表的哲人群体并未置身世外。法拉比对时代问题的回应不是直接给出另一种备选答案，而是试图确立一个评判的标准，即被哲学—科学所证明的、为建立社会秩序和达到灵魂完善所必需的知识。以此标准可以衡量何种宗教版本最大限度地符合或接近这种知识，而哪些版本遮蔽或背离这一原则。

很难判断这部书在多大程度上实现了作者赋予它的目的，但可以肯定的是，它一经问世就成为法拉比接受度最高、流传最广的一部著作。这一点不仅体现于此书各个时代手抄本的数目之多，而且也可以从它的当代反应中看出：法拉比的同时代学者麦斯欧迪(al-Mas'ūdī)，在其著作《劝诫与指导》(*al-Tanbīh wa'l-Ishrāf*)中抄录了《卓越城邦居民意见诸原则》的部分篇章概要(第1、2、10、13、14、15、16、17、18、19章)，将其视为哲学知识的典范。①

眼下这个汉译本，主要是从沃尔泽所编校的阿拉伯文本(*Al-Farabi on The Perfect State: Abu Naṣr al-Fārābī's Mabādi' Arā' Ahl al-Madīna al-Fāḍila*, Oxford University Press, 1985)译出，同时参考贝鲁特新月书局1995年出版的阿里·布·穆勒欣校注的文本(*Arā' Ahl al-Madīnah al-Fāḍilah wa-Maḍādātiha*, ed. Alī Bū Mulḥim, Dār wa-Maktabah al-Hilāl, 1995)。考虑到原文书名较长而沃氏本标题("法拉比论完美城邦")较为简洁醒目，故中译本书名采用后者而将前者作为副标题保留。

沃氏依据的底本是加尔各答的孟加拉亚洲学会图书馆所藏手

① 见S. M. Stern, "al-Mas'ūdī and the Philosopher al-Fārābī", in *Al-Mas'ūdī Millenary Commemoration Volume*, Aligarh, 1960, 页28-41。

抄本(Asiatic Society of Bengal in Calcutta,1756 年),并参校其他更早的手抄本。这个版本还附有英译和评注。我在翻译过程中参考了沃氏的英译,与他就原文的理解有出入的地方,在译注中基本都作了说明。至于沃氏的评注,所反映的是英美学界 20 世纪 60-70 年代的研究状况,其中着力发挥的两个核心论点(希腊底本说和关于法拉比持十二伊玛目派立场的判断)在今天看来已很难站住脚。[①] 因此,我对这些评注作了节选,主要保留了沃氏梳理法拉比哲学来源的部分。不过,需要指出的是,沃氏仍有一些极具穿透力的观点——如对法拉比指向古代晚期与同时代的神秘主义潮流的潜在论战态度的揭示以及对法拉比佚著《尼各马可伦理学评注》中关于灵魂归宿的所谓"怀疑论"观点的澄清——事实上比其后流行的一些解释版本更能经受住时间的考验。在正文注释中凡援用沃尔泽评注的地方均以"沃本注"起头,汉译者在沃氏评注后补充不同意见的地方以"译按"标明,其他没有说明的都是汉译者所加的注释。

我把沃氏的编辑—英译导言放在附录里,其中未经说明的注释都出自沃氏原注,列举对沃氏观点的批评意见的注释以"译按"起头。附录中的另一部分内容是犹太哲人摩西·迈蒙尼德(Moses Maimonides)的《论复活》。[②] 迈蒙尼德一向尊崇法拉比、视后者为最重要最值得研习的阿拉伯哲人。[③]《论复活》中所呈现的灵魂论

---

① 见正文译注 204(即本书页 132 注②),208(即本书页 138 注①),219(即本书页 149 注③)。

② 据 *Moses Maimonides' Treatise on Resurrection*(translated and annotated by Fred Rosner, KTAV Publishing House, New York, 1982)与 *Treatise on Resurrection*(translated by Hillel G. Fradkin, in *Maimonides' Empire of Light*, The University of Chicago Press, Chicago, 2000)译出。

③ 见 Steven Harvey,"Did Maimonides' Letter to Samuel Ibn Tibbon Determine Which Philosophers Would Be Studiedby Later Jewish Thinkers?", *The Jewish Quarterly Review*, New Series, Vol. 83, No. 1/2 (Jul. -Oct., 1992),页 55。

观点与法拉比此书中的论述多有相互发明之处;二者形成对照的地方,则反映出阿拉伯逍遥派哲学观点在不同的时代与宗教社群语境中的接受状况以及后世的"法拉比门徒"对其政治哲学原则的延续和应用。此外,有幸征得芝加哥大学勒纳教授的同意,将他对沃尔泽考订—评注本的书评[1]译出,附于书末供读者参考。

最后,需要向几位师友致谢。如果不是程志敏博士与王希博士的提议和鼓励,我不会萌生翻译此书的大胆想法,也不可能坚持完成;刘小枫老师于百忙之中审阅译稿并安排出版,于我是意外更是感动。尤其要感谢张缨老师,她以独具的敏锐眼光对译稿进行了细致的审查,在许多重要问题(包括一些译名和汉译本书名的确定)上提出中肯的修改意见。尽管有以上诸位专家的指导与帮助,限于我的学力及对法拉比思想的浅陋理解,译文中肯定还有不少错误和不准确的地方,望读者不吝赐教(电邮地址:dongxiuyuan2010@126.com)。

董修元

2014年2月

---

① Ralph Lerner, "Beating the Neoplatonic Bushes: Al-Farabi on the Perfect State by Richard Walzer", *The Journal of Religion*, Vol. 67, No. 4 (Oct., 1987), 页 510-517。

本书篇章概要[①]

第 1 章　论当被确信为神的事物：他是什么；[②]他如何是；他当如何被描述；他以何种方式成为其他存在者的原因；它们如何从他生成，以及他如何思维它们；它们如何与他关联，它们如何被他认识和思维；他当如何被称名，以及这些名字所应当指向的意义。

第 2 章　论当被确信为天使的存在者：它们中的每一个是什么；它如何是；它如何从神生成及其等级，以及它们彼此之间的等级关系；它们如何递相生成；它们每一个的管理范围以及管理方式；[各天体如何原初地从它们中的每一个生成；][③]它们中的每一个是一个天体的原因并掌管这个天体。

第 3 章　论诸天体之总体：它们中的每一个都一一对应地与

---

① 通常认为此概要为法拉比本人所作，但沃尔泽根据其中用词及内容上与正文的出入推测它出自法拉比后学之手，并认为作者很可能是曾就学于法拉比的基督教亚里士多德主义者雅赫亚·本·阿迪(Yaḥyā ibn ʻAdī)。

② 此处与第 2 章概要中的"是什么"在原文中是 mā huwa，而后文中频繁出现的"是什么"则是 mā，二者的差别在是否有阳性单数第三人称代词 huwa（"他/它"），此词在判断句中也经常充当表示强调的连接词(意为"正是"、"就是")。中世纪阿拉伯哲学中"本质"概念的一种表达形式 māhiyah（"一物之所是"），实际上就是这个短语的名词化，只不过后者中出现的人称代词是阴性形式 hiya("她/它")。

③ 该处[ ]中内容沃尔泽疑系衍文。

一个次级存在者关联,每个次级存在者都掌管与它关联的那个天体。

第 4 章　论天体之下的物体,即物质性物体:它们如何存在;[1]它们的总体数量;它们中的每一个由什么构成其本质,又根据什么与前面提到的那些存在者相区分。

第 5 章　论质料与形式:二者都是构成物体之本质的[事物];[2]二者之间的等级关系;哪些物体由二者构成其本质;何种存在借质料而获得,以及何种存在借形式而获得。

第 6 章　论当被称为天使的存在者应如何被描述。

第 7 章　进而[论]天体当如何被描述。

第 8 章　物质性自然物体一般如何生成;从最初的到最后的物体如何按照等级依次生成,最后生成的形体是人;关于其中每一种类之生成的概要叙述。

第 9 章　安排[3]如何体现于上述每一物种的持存及每一物种中的个体的持存之中;公正如何体现于对这些事物的安排之中;在这些事物中发生的一切都出于终极的公正、明断和完满,其中既无不公亦无缺陷——这是必然的,在这些存在者的自然本性中别无他种可能。

第 10 章　论人:人类灵魂的诸官能;它们的生成;其中何者首先生成,何者其次,何者最后;它们彼此之间的等级;其中何者仅仅统领,何者仅仅服务,何者既统领一物又服务于另一物,以及谁统领谁。

第 11 章　论人的器官和肢体如何生成;它们的等级及相互关

---

① "存在"一词,原文为 wujūd,这个动名词的原义为"被发现",是阿拉伯语中意指"存在"的基本词汇;而本书中的"存在者"(al-mawjūd/al- mawjūdāt)一词是该词的名词形式,意即"那个(些)存在的"

② [ ]中内容为译者补入,以下同。

③ "安排"(tadbīr),与上文第 2、3 章概要中的"掌管"在原文中同一个词。

联;其中何者是统领者,何者是服务者;其中的统领者如何统领,服务者如何服务。

第12章　论男女:二者各自具有何种官能;二者各自行使何种功能;子女如何从他们生成;他们的区别与共性;生男生女的原因;子女如何有时既像父亲又像母亲,有时只像其中之一,有时与远祖相像,有时不像任何男女祖先。

第13章　理智对象[①]如何表象于灵魂的理性部分;这些理智对象从何来到灵魂的理性部分;理智对象有多少种类型;潜能理智是什么;现实理智是什么;质料理智是什么;被动理智是什么;能动理智是什么;能动理智的等级;它为何被称为"能动理智";它行使何种功能;理智对象如何在潜能理智中被表象从而使其[②]成为现实理智;意愿是什么;选择是什么;它们从属于灵魂的哪个部分;终极的幸福是什么;德性[③]与缺陷各是什么;善行是什么;恶行是什么;美是什么;丑是什么。

第14章　论灵魂的想象部分;它有多少种功能;梦如何形成;它有多少种类型;它们从属于灵魂的哪一部分;真梦之真实的原因是什么;启示如何形成;何人理应承受启示;受启示之人凭借灵魂的哪一部分承受启示;为何许多愚人报告未来事件也被信以为真。

第15章　论人类联合与合作的必要;人类共同体有多少种类型;卓越共同体是什么以及卓越城邦是什么;什么使它维持聚合;它的各部分如何按照等级组织起来;卓越城邦中有哪些类型的卓越统治;卓越城邦的第一元首所应具备的素质;他在童年及少年时

---

① "理智对象",原文为 al-ma‘ aqūlāt,意为"被(理智)思维的"。

② 指潜能理智。

③ 此处"德性"(al-faḍāil)与书名《卓越城邦居民意见诸原则之书》中的"卓越"(al-fāḍilah)出自同一词根,其本义是"超出"、"优越"、"卓越"。这个概念基本对应于希腊文的 arete,相关意义见亚里士多德《尼各马可伦理学》,1098a 11-18, 1098b 30-1099a 7, 1103a 12。

当具备何种条件与特征,使他未来可能实行卓越的统治;他在成年后当达到何种条件,使他能够成为卓越的元首;有多少种与卓越城邦相反的城邦类型;蒙昧城邦是什么;迷途城邦是什么;蒙昧的城邦与统治有多少种类型。

第 16 章　进而提及卓越城邦居民之灵魂在来世所能实现的诸种终极幸福;与卓越城邦相反的城邦居民之灵魂在死后所要陷入的悲惨境地。

第 17 章　卓越城邦所应持有的观念①;进而提及在许多人的灵魂中引发蒙昧意见的邪恶错误原则的根源。

第 18 章　进而详述导致蒙昧的行为、共同体及城邦的蒙昧意见的类型。

第 19 章　进而详述滋生[错误]意见的邪恶原则,正是这些意见导致迷途宗教的产生。

① 此处名词"观念"(al-rusūm),本义是"描绘"、"画像"、"形象",与上文第 13 章概要中的动词"被表象"出自同一词根,在此是指表象活动的产物。沃尔泽认为此概念对应于希腊文的 typos(见亚里士多德《论记忆》,450a 31),因而将其译为 impression[印象],但事实上这个概念在本书中的赋义(指一切在心智中呈现或建构的对象性内容)远远超出感官印象的范围。

篇章概要附录

(a) 阿布·伊斯哈格(Abū Ishāq)——愿真主给予他佑助——曾说:“城邦”(al-madīna)一词的词根(d-y-n)意思是臣服、服从、执行,以及一个服从于一位首领的共同体,这个首领在属于该共同体的事务上稳固地施行统治而共同体成员都听命于他。

他还说:“城邦”一词中的“m”这一字母是添加的,不是词根的一部分,就像“居所”(al-maskan)、“定居者”(al-mutamaskin)、“寄人篱下者”(al-miskīn)这几个词的词根(s-k-n),意为安于某物和屈居于(某物)。当某人定居在某一个地点,人们说他定居(tamaskana)下来,在这个动词里加上“m”,原本是一个被宽容的(讹误),后来逐渐成为一种惯例,“m”变得就像是词根的一部分。

与此类似,当人们说这个人恭顺(tamaddana),就是说他听命(dān)、臣服、服从于一个首领,与众人一道服从他的命令和禁令,遵循他的指示。[①]

(b.1) 阿布·纳斯尔[法拉比]—愿真主施慈恩于他—曾说:

---

① 沃本注:此条附注仅见于牛津大学波德雷安图书馆(Oxford, Bodleian Library,公元1070年)藏本和德黑兰马立克图书馆(Tehran, Malik Library,估计为公元13世纪)藏本而不见于其他抄本。阿布·伊斯哈格是与法拉比同时代的语法学家。

卓越的智者们[①]论及卓越城邦的意见时,用“城邦”一词意指基于卓越的意见而集聚起来、生活在同一个地方的一群人,他们所共同生活的地方可以是在一个合起来的围墙所限的区域、一些帐篷、一间客栈或一所房屋之中,也可以是在山顶或地下。

(b.2) 他曾说:此书共有三个部分,神学,自然科学和意愿科学。[②] 第一部分的主题是神和他的属性.第二部分的主题是众天使和灵性存在者[③],其中有能动理智,他当被视为忠实的灵和神圣的灵:启示通过他达到作为先知的人,他是至尊全能之神与承受启示的人之间的中介;灵魂的幸福在他的领域之内,他是人类的掌管者、给予每一个人借以达到幸福的原则;他是人类朝向幸福之路的指引者,为人指明方向,或者应该说是神以能动理智为中介给予人所有这些。

(b.3) 评注家亚历山大说:从亚里士多德的观点必然推出,能动理智不仅是人类的掌管者,也是月下世界的自然物体的掌管者,这种掌管是在诸天体的协助下进行的。诸天体只是将运动给予这些物体,而能动理智则将运动所趋赴的形式给予它们。[④]

---

① “智者”意义见正文第 15 章(注 94[即本书页 71 注①])、16 章(注 113[即本书页 78 注①])。

② 指伦理学。

③ “灵性存在者”(al-rūhāniyūn),是由 rūh(意为风、气、精神)派生而出,后者在下文中出现译为“灵”,“忠实的灵”见 XXVI 193,“神圣的灵”见古兰经 II 87,253,V 110,XVI 102。

④ 沃本注:以上三段附注仅见于波德雷安图书馆和马立克图书馆及前者的复制本(日期伪称公元 926 年)。两段归于法拉比的言论来源不明,归于亚历山大的观点实质上是新柏拉图主义的。

第一部

第1章

1. 第一存在者乃是一切其他存在者之存在的第一因。他在任何方面都没有缺陷。所有其他存在者都不可避免的在某些方面具有一种或多种缺陷,但太一①没有任何它们所具有的缺陷。所以他的存在是最优越的存在,是最先的存在;没有任何存在优于或先于他的存在。

因此,他是在地位②上最崇高的优越存在者,是在等级上最高贵的完满存在者;他的存在和本质中不可能混杂任何虚无。他在任何方面都不可能有潜能性存在,也绝无可能以任何一种方式不存在。所以,他就其本质与自身③而言是无始永在的,他不需要任何其他事物来维持他的无始、持存,他的本质已足以使他持存、永在。不可能有任何存在类似他的存在。也不可能有与他的存在等

---

① "太一",在原文中为 al-'awwal,意为"第一(者)",与"第一存在者"、"第一因"中的"第一"同词形。

② "地位"('anḥā',复数形式),意为"方向"、"方面";与下文出现的"方面"是同一个词。

③ "本质与自身"(jawhar wa zāt),都是指太一之本身或所是。

级类似的、他可能具有而尚未具有的存在。

他是绝不借助、不出于、亦不为了任何原因而存在的存在者。因此,他不借助质料,不依存于质料,也不依存于任何基质,①他的存在超离一切质料与基质。他也没有形式,②因为形式只能在质料中[实现],如果他具有形式,那他自身就会是质料与形式的复合物了;而且,如果是这样,他就依附于合成他的两部分,③由此他的存在就是有原因的。他也没有那种他的存在就是为了实现它们的目的和目标——如果有的话,这就会成为他存在的原因,他也就不是第一因了。同样,没有任何先于他或后于他的其他事物能让他的存在从中受益。

2. 他在本质上不同于所有其他事物,其他事物不可能具有他所具有的存在。因为他的所有存在只是这一个存在,④第一存在者与拥有同样存在的其他事物之间就不可能有区别或差别,由此两个事物就会变成一个。因为,如果二者之间有一个区别,这个区别不同于它们所共有的东西,二者间的不同之处构成两个事物的存在根据⑤的一部分,它们的共同之处构成另一部分,由此,两个事物中的任何一个在思辨中都是可分的,两个部分中的任一部分都是那个事物自身持存的原因,那么,他[那个事物]就不是太一,

---

① "依存于质料/任何基质",按原文直译就是:"立于质料/任何基质中"。

② 沃本注:法拉比关于神超越于形式的论断,区别于阿芙罗蒂西亚的亚历山大(Alexander of Aphrodisias)所代表的古代逍遥派传统,后者将神描述为"一种分离的独一的形式"(*Praeter commentaria Scripta minora. 2: Quaestions*, ed. Ivo Bruns, Berolini, 1887-1892, 页 39, 1.10);法拉比的这种观点受到普罗提诺的新柏拉图主义神学的影响,见《九章集》VI 9,3, 11.39, 43;其最终的源头在柏拉图的《王制》509 B9。普罗提诺的《九章集》四至六卷于 9 世纪被节译为阿拉伯文,以《亚里士多德神学》(*Theology of Aristotle*)之名流传。

③ "依附于……两部分",按原文直译就是:"凭两部分而立",下同。

④ 意即他的全部本质就是他的这种存在。

⑤ "两个事物的存在根据",按原文直译就是:"两个事物的存在据以建立的那个东西",依译者的理解,是指两个事物的本质。

而是有另一个存在者先于他并成为他存在的原因——这是不可能的。

如果另一个事物具有区别于太一的东西,而太一由于不具有这个东西而与它区分,一个必然的结论是,使这另一个事物区别于太一的东西是这另一个事物所独有的,而太一的存在则是二者所共有的。那么,这另一个事物的存在就是由两个东西合成的,其中一个是它所独有的,另一个是它和太一共有的。由此,这另一个事物的存在就不会是太一的存在,[因为]太一本身是单一、不可分的,而这另一个事物本身则是可分的,它具有两个部分并依附于它们,它的存在是有原因的。因此,它的存在低于太一的存在,与其相比是有缺陷的。所以,它的存在不属于第一等级的存在。

此外,如果在太一之外有另一事物具有与他同种的存在,那太一就不会是完满存在者,因为完满者就意味着在他之外不可能有与他的存在同种的存在。这一点适用于所有事物:在体量上完满者就意味着除它之外别无其他具有同种体量的事物;在美貌上完满者就意味着除它之外别无其他具有同种美貌的事物;同样,在本质上完满者就意味着除他之外别无其他具有同种本质的事物。同样,对所有完满的物体而言,如太阳、月亮或其他任一行星,都不可能有与它同种的其他事物。如果太一是完满存在者,就不可能有其他事物具有[他的]这种存在。因此,只有他一个拥有这种存在,在这方面他是独一无二的。[①]

① 沃本注:此处对太一之单一性的论证取用了法拉比自己的专论《论一与单一性》(*al-Wāhid wa'l-wahda*, ed. H. Mushtaq, Oxford, 1971)中的内容。这个论证建基于亚里士多德《形而上学》第五卷第6章及阿芙罗蒂西亚的亚历山大的相应注释(*In Aristotelis Metaphysica commentaria*, ed. M. Heyduck, Berolini, 1891),法拉比是在运用逍遥派的方法进路来论证新柏拉图主义的神学—形而上学论题,他在本书中所呈现的就是这样一种将亚历山大所代表的正统逍遥派与新柏拉图主义上层建筑相结合的晚期“希腊传统”。

3. 而且,太一没有相反者。一旦明了"相反者"的意义,这一点就很清楚了。相反者是与一个事物相互区别的东西,相反者绝不可能成为该事物。不是所有与某物相区别的或不可能成为某物的东西都是它的相反者,二者还必须处于一种相互反对的关系之中,以致一旦相遇就会相互取消,一方存在,另一方就肯定不存在。这是适用于一切可能具有相反者的事物的通例。因此,如果两个事物是在行为而非其他方面相反,上述原则就只适用于它们的行为;如果是在属性上相反,就适用于它们的属性;如果是在本质上相反,就适用于它们的本质。如果太一有相反者,上述原则就适用于他与相反者之间的关系;一个必然的结论就是他们中的一个会取消另一个,这样,太一在本质上就是可能被其相反者取消的。一个可能被取消的东西,不能依其本质自我持存,他的本质不足以维持他的存在,也不足以使他获得存在,而是需要凭借一个在他之外的[原因]。一个可能不存在的东西不可能是无始的;一个其本质不足以使他持久或存在的东西,其持久或存在肯定是有在他之外的原因的,由此,他不会是太一。同样,如果太一的存在是由于其相反者的不存在,那么,其相反者的不存在就会是他的存在的原因,他就不是真正意义上的第一因了。

同样,[若认为太一有相反者]一个必然的结论就是,他们会共有某个承受他们的所在,如一个基质或一个属或与他们不同的某物,在其中他们相互排除。这个所在是恒常的,他们轮流占据它。因此,这个所在就存在而言先于二者中的任何一个。如果有人赋予"相反"不同的意义,那他所说的其实不是相反而是另外一种区别。我们并没有否定太一与他之外的存在者之间可能有不同于相反的区别。所以,不可能有[其他]存在者与太一处于同一存在等级,因为两个相反者是处于同一存在等级的。因此,太一就其存在而言是独一无二的,绝无存在者与他共享此种存在。因此,他是单一的,在他的存在等级上只有他自己,从这方面看他也是单一的。

4. 同样,太一在思辨中是不可分的,不能被划分为构成其本质的事物。解释太一之意义的话语不可能指向构成太一之本质的各个部分。因为,如果是这样,这些构成其本质的部分,就会是他的存在的原因,正如一个事物定义的诸部分所指向的意义,是被定义事物之存在的原因,又如质料和形式是它们所组构的事物的原因。而这对于太一是不可能的,因为他的存在绝无原因。

由此,既然他不能被划分为这些部分,他也就不能被划分为数量单位或其他部分。这也导致一个必然的结论:他没有大小,绝非物体。从这方面看,他同样是单一的,因为单一的意义之一就是不可分,任何不可分的事物就其不可分的那个方面而言都是单一的。如果它在行为上不可分,他就在这方面是单一的;如果他在属性上不可分,他就在属性方面是单一的;而在本质上不可分的事物,则在本质上是单一的。

5. 既然太一在本质上是不可分的,他所据以区别于一切其他存在者的存在,就只能是他在自身中的存在。因此他以[其]单一——即其自身——与所有其他存在者区别开来。"单一"的意义之一就是指某一存在者据以与其他存在者区别的特殊存在,某一存在者仅就其具有某种使其特殊化的存在而言被称为"单一的"。"单一"的这一重意义必与"存在"相伴随。所以,太一在这方面也是单一的,他比任何其他单一的存在者都更配当单一之名及其意义。

6. 因为太一不与质料相联,也不在任何意义上具有质料,他就其本质而言是一种现实理智,因为阻碍某种形式成为理智并现实地进行思维[①]的就是事物存在于其中的质料。当一个事物其存在不需质料时,这个事物凭其本质就是现实理智,这就是太一的状态。由此,太一是现实理智,同时凭其本质也是理智对象,因为阻碍一个事物成为现实的理智对象与凭其本质的理智对象的,也是质料。太一由于是理智而是理智对象,因为其自性[②]是理智的事物,本身就是他自己的理智对象。为了成为理智对象,太一不需要在自身之外的另一自身来思维自己,而是自己思维自己。通过自身思维,他成为思维者与现实理智,通过思维自身,他成为现实的理智对象。同样,为了成为现实理智和现实的理智者,他不需要一个从外界获得的作为思维对象的自身,而是通过思维自身成为理智和思维者。既然被思维的自身就是思维的主体,太一作为理智对象就是理智[本身]。因此,他是理智,是理智对象,是思维者。所有这些都是同一个自身、同一个不可分的本质。但是,涉及到人的例子,他是理智对象,却不是现实的理智对象而是潜能性的理智对象,他在理智思维他之后才成为现实理智。在人这里,理智对象并不总是思维的主体,理智也并不总是理智对象,我们的理智并不凭其自身就是理智对象。我们是思维者,不是由于我们的本质就是理智,因为我们凭借一种理智而思维,但这种理智不构成我们的本质。而太一则不是如此,理智、思维者、理智对象在他那里是同

---

① 本段及下文中的"思维"('aqal,动词)、"理智"('aql,名词)、"思维者"('āqil,主动分词)、"理智对象"(ma'aqūl,被动分词)都出自同一词根'ql,本义为"(理性)思维"、"理解"。沃尔泽译 *ma'aqūl* 为 *intelligible*(即可理知的),这也是英语学界的一般做法。但这个词在原文中的最直接意义就是被(理智)所思维的,而且,法拉比在此处及本书下文中处理的一个重要问题就是现实的与潜能(可能)的 ma'aqūl 的区分,如果译为"可理知者",将出现"潜能(可能)的可理知者"这种有逻辑缺陷的表述。

② "自性"(huwiya),源出于阳性单数第三人称代词"huwa"(他),意即一个事物之为他自身的根据。

一个意义、同一个自身、同一个不可分的本质。[①]

7. 太一作为认知者的情形也是如此。为了认知,他不需要在自身之外的另一自身、凭借后者的知识而获得[知识]这种德性;为了成为认知对象,他也不需要另一自身来认知自己,他的本质已足以使他认知和被知。他对于自身的知识就是他的本质。因此,他认知,同时是认知对象,是同一自身、同一本质的知识。

8. 太一作为智慧者的情形也是如此。因为智慧就在于以最优越的知识、思维最优越的事物。通过思维自身并通过他的知识,他认知最优越的事物。最优越的知识是关于恒久不灭事物的恒久不灭的知识,这就是太一对其自身的知识。

9. 太一作为真实者的情形也是如此。因为真实的、真实性[②]总是与存在相随。某个事物的真实性就是它的个别化存在以及它

---

① 沃本注:法拉比关于神作为永恒思维自身的理智的判断,出于亚里士多德《形而上学》第十二卷第 7 章(1072b 18 以下)与第 9 章。阿尔比努斯(Albinus,2 世纪人)将这一思想整合入柏拉图学派中,认为太一之神不断思维自身(*Didascalicus*, in *Platonis dialogi*, ed. C.F. Hermanni, vol. 6, Lipsiae, 1892, 页 164, 1.26)。阿芙罗蒂西亚的亚历山大则将亚里士多德的这一论述与《论灵魂》中关于"能动理智"的论述(III 5)结合起来,将作为理智自身的神与能动理智等同起来,成为后世逍遥派在神学与灵魂论方面的正统观点。法拉比在新柏拉图主义的影响下,对这一观点作出调整,一方面仍坚持神作为思维自身的理智的立场(法拉比可能是从阿尔比努斯所代表的前普罗提诺柏拉图学派传统中承袭这一立场的),另一方面则将神与能动理智分离,将后者安置在上界流溢体系的最后一级,见下文 3.10、13.2。此外,值得注意的是,本章以下 9 节及下一章中所解释的神之属性均属于《古兰经》中归于真主的美名、同时是伊斯兰思辩神学凯拉姆集中探讨的主题,法拉比最终将所有其他属性都建基于理智或知识这一核心属性之上;更耐人寻味的是,法拉比有意识的忽略了凯拉姆学家们最重视的一个神圣属性,即意志或意愿。

② "真实者"、"真实的"原文为在 ḥaqq 或 al-ḥaqq(al 是定冠词),意为"真的"、"实在的";"真实性"一词原文为 al-ḥaqīqah,与 ḥaqq 是同词根,意为"真理"、"本性",在阿拉伯逍遥派术语中也是"本质"的一种表达形式,见阿维森纳《治疗书:形而上学》(*al-Shifa': al-Ilāhiyyāt*, ed. Marmura, Brigham Young University Press, 2005, 页 24)。沃尔泽在此段中将"真实的"(ḥaqq)一词译为两词"实在的与真实的"(real and true)。

分所应得[①]的最完满的存在。同时,“真实的”也指理智借以遇见存在者进而与之相符合的理智对象。这个存在者由于是理智对象而被称为真实的,它由于其自身而不是由于某个思维它的主体而被称为存在的。然而,涉及到太一,他同时在两方面被称为真实的,由于他的存在是最完满的存在,也由于他是思维他的主体借以遇见作为存在者的存在者[②]的理智对象。为了作为理智对象成为真实的,他不需要一个在他之外的另一自身来思维自己。同样,他同时在两方面都应被最优先地称为真实的,他的真实性不是任何其他事物而仅仅是他之为真实的[这一现实]。

10。太一作为活着的和生命的情形也是如此。这两个词并不指向两个自身而是指向同一个自身。在他这里,“活着”的意义就是他通过最优越的理智、思维最优越的理智对象,或通过最优越的知识、认知最优越的知识对象。就像在我们这里,当我们通过最低下的理解形式、理解最低下的理解对象时,也在最初的意义上被称为“活着的”。因为,仅当我们通过感觉这种最低下的理解形式并借由感官这种最低下的理解能力、理解感性对象这种最低下的知识对象时,我们才被称为活着的。而太一,作为最优越的理智,通过最优越的知识思维和认知最优越的理智对象,故而最值得被称为活着的,因为他是由于他自己就是理智而思维。他是理智者,是理智,是知识者,是知识,这在他都是同一个意义;同样,他是活着的,是生命,这也是同一个意义。

“活着”一词也能譬喻性的用于无生命的东西,因此,它可以用来指称所有实现了其最终完满或者达到此种[程度的]存在与完善,以致本身源出于它的事物能够从它生成的存在者。在这方

① “分所应得”,直译当为“作为它在存在中(方面)的份额”。

② “作为存在者的存在者”(al-mawjūd ‘alā mā huwa mawjūd),亦可译作“存在者之为存在者”,或直译作“就他是存在的这个意义而言的存在者”。

面,既然太一的存在是最完满的存在,在譬喻的意义上,他也是最值得用"活着"这个词来指称的[事物]。

11. 其存在愈是完善的事物,它被思维与认知的内容也愈完善,因为我们心中源于它的理智对象,与它作为存在者的状况是相符的。因此,根据它外在于我们心灵的存在,我们心中关于它的理智对象是符合于它的存在的。如果某种存在是有缺陷的,那我们心中关于它的理智对象也是有缺陷的。涉及到运动、时间、无限、缺乏以及类似于它们的存在者,我们心中源于它们每一个的理智对象都是有缺陷的,因为它们本身是[其]存在有缺陷的存在者。涉及数、三角、四方以及诸如此类,我们心中源于它们的理智对象是更完满的,因为它们本身在存在上是更完满的。依循此例,因为太一是终极的完满存在者,故而我们心中源于他的理智对象也理应是终极完满的,但我们发现事实并不是如此。须知对太一而言理解自己毫无困难,因为他自己是终极完善的。而对我们的有质料和缺乏附着其上的薄弱理智官能而言,理解和表象①太一是艰难困窘的事情,我们[的能力]太弱以致不能按其存在之所是来思维他。因为他超常的完满令我们目眩,我们无力完满的表象他。这就像光是首要的、最完满、最显然的可见者,其他可见者都通过它而成为可见的;它是使颜色成为可见的原因。愈是完满、宏大的事物,我们关于它的视知觉也理应愈完满。但我们发现事实并不是如此。愈是完满、宏大的事物,我们关于它的视知觉反而愈弱。这并不是因为它的隐蔽和缺陷,相反,它本身极度明显、光亮,正是它在光明上的完满令[我们的]视觉目眩而对它穷于应付。同样,第一因、第一理智、第一生命与我们的理智的关系,也与此类似。我们这里关于他的理智对象的缺陷,不是由于他本身的缺陷;我们

---

① 此处动词"表象"(taṣawwar),意为"构想、描绘",与阿拉伯逍遥派用来指称"形式"的名词 ṣūrah,出自同一词根 ṣwr,本意为"描绘、构划"。

理解他[时遭遇]的困难,不是由于他的存在之中的困难①,而是由于我们的理智官能的薄弱,使我们不能表象他。因此,在我们心中的理智对象是有缺陷的,我们对这些理智对象的表象可分为两种:一种是就对象自身而言无法对其形成表象或者以一种完善表象的方式来思维它,这是由于它的存在的薄弱以及它自身和它的本质[中]的缺陷;另一种是就对象自身而言能够完全地、②如其所是地最完满地被表象,但是由于我们的心智与理智官能的薄弱以及它们③与此类事物的本质距离过远,它们无法完全地、按其作为完满存在者之所是来表象它。④ 这两类对象在存在方面处于相反两极,一方是终极完善,另一方是终极缺陷。因为我们与质料相附着,而质料是构成我们之本质的原因,且远离于太一之本质,我们的本质愈是接近他,我们对他的表象必然愈精确真实,故而,我们愈接近与质料分离的状态,我们对他的表象就愈完善。我们只能通过成为现实理智来接近他。当我们与质料完全分离,那时我们心智中源于他的理智对象就将是如其所是的最完满的。

12. 他的伟大、尊严和荣耀也是如此。一个事物中的尊严、伟大和荣耀是依据于它的完满的,或是指向它的本质,或是指向它的某种特性。当用于表述我们的时候,这通常是指我们在某种偶性上所具有的完满,如财富、知识或某一身体偶性。而既然太一的完满超越任何[其他]完满,他的伟大、尊严和荣耀[也就]超越任何具有伟大和荣耀的[其他]事物,他的伟大与荣耀在于他的本质之中,不在处于他的本质与自身之外的其他事物中。具有伟大的

① 此句沃尔泽意译为“我们难于理解他,不是由于他自身难于理解”。

② “完全的”(tamām),与本段上文中的“完善”(tāmm,比较级或最高级为 'atamm)同词根。

③ 指“我们的智力和理智官能”。

④ 指“此类事物”。

[主体]就在他自身之中,具有荣耀的[主体]就在他自身之中,无论他者是否以他为尊严、伟大、荣耀。

13. 在每一存在者中,美、光辉、光彩是指它以其最优越的存在[状态]存在,并获得其终极的完满。因为太一的存在是最优越的存在,他的美超越任何具有美的事物。光辉和光彩也是如此,他在他的本质与自身中拥有所有这些,[①]这都通过他思维自身的活动而在他本身之中。至于我们,我们的美、光彩、光辉,都是通过我们的偶性、通过我们的肢体、通过外在于我们的事物而具有的,它们并不在我们的本质中。太一之中的美者与美只在他的同一自身之中,其他[称谓]亦是如此。

14. 愉悦、欣喜、满足,只在最为精微地理解最美、最光辉、最光彩的事物时,才获得最大限度的实现。因为太一是终极至美的,是最光辉、最光彩的,他对自身的理解是终极的至为精微的欣赏,他对自己本质的知识是绝对意义上的最优越的知识,故而,太一所享受的愉悦是一种我们无法领会其实在情形、也无法理解其规模强度的愉悦,除非是借由类比,将其比之于当我们最为精微与完全地理解对我们而言最完满、最光辉的事物时所感受到的愉悦,这或是通过感觉、或是通过想象、或是通过理性知识。在这种状态下,我们获得一种在我们看来其强度超越任何[其他]愉悦的愉悦,我们自己借由我们所获得的[知识与理解]而欣悦于终极的满足。但这种状态持续极短、会很快地消失;而将太一对于在自身中最优越、最美、最光辉的事物的知识和理解,类比于我们对于在我们看来最美、最光辉的事物的知识和理解,就是把他的欣喜、愉悦和自我满足类比于我们所获得的愉悦、欣喜和自我满足。因为,我们的理解与他的理解不成比例,我们的知识对象与他的知识对象、在我们看来最美的与在他自身之中最美的,也是

① 指美、光辉、光彩。

如此——即使他[们]有什么可比的地方,也是微不足道的——那么,我们所体验的愉悦、欣喜和自我满足与太一所体验的[愉悦、欣喜和自我满足]也是不成比例的,即使他[们]有什么可比的地方,也是十分微不足道的。因此,短暂易逝的事物如何与无尽持存的事物相比呢?缺陷极其严重的事物如何与终极完善的事物相比呢?

15. 一个事物愈是因自身而愉悦、欣喜、满足,它便愈是爱和恋慕自身并以自身为骄傲;由此自明的是,太一必然恋慕和爱自身并以自身为骄傲,这种恋慕、爱与骄傲之于我们由对自身优越的喜悦而生的自爱,正如他自身的优越与完满之于我们的优越与完满,后者是我们自己引以为骄傲的。在他那里,爱者就是所爱者本身,骄傲者就是所引以为骄傲者,恋慕者就是所恋慕者。在我们这里则不是这样,我们这里所恋慕的对象是优越和美,我们这里的恋慕者不是优越和美、而是其他某个官能,这个官能不是所恋慕的对象。因此,在我们这里,恋慕者不是所恋慕者本身。至于在太一那里,恋慕者本身就是所恋慕者,爱者就是所爱者;所以,他是第一义的所爱者、第一义的所恋慕者,无论他者是否喜爱或恋慕他。

第2章

1. 太一乃是[存在者]由以存在的事物。只要太一保有他的存在,凡不是借人类意志及其选择而存在的存在者就必然通过、依靠太一而获得存在,这些存在部分是通过感官来见证的,部分是通过证明被认知的。借由太一而存在的事物的存在,是由另外①的

---

① 指在这个依他存在者之外。

事物的存在流溢[①]而出的,也就是说,除他之外的事物的存在是从他的存在中流溢而出的。因此,借由他而存在的事物的存在不是他之存在的原因:它既不是太一之存在的目的——[不]像儿子之为儿子的存在、是父母之为父母的存在的目的[②]——它的存在也不会使太一获得某种完满,[不]像在我们这发生的大部分情形,比如我们通过给别人钱财而从他们那获得荣誉、愉悦或其他各种善[的东西],这些都会使我们完满。所以,太一的存在不是为了他者,也不是为了使他者存在,在后一种情形下他之存在的目的是为了使其他的诸事物存在;如果他的存在有在他[自己]之外的原因,他就不是太一了。

同样,通过给与他者存在,太一并未获得在他所本有的完满之外的、先前所没有的完满,[不]像慷慨施与钱财或其他东西的人通过他的付出会获得愉悦、荣誉、统治权或其他诸善。这些情形在太一那里都是不可能的,因为这将取消他的首要性与无始性而使他者先于他并成为他之存在的原因。他的存在是为了他自身,他者借由他而存在这一事实是追随他的本质与存在而来的。因此,存在是借由他的存在而流溢到他者的,而他的存在是在他的本质之中;在他自身之中构成其本质的他的存在,与他者由以获得存在的他的存在,乃是同一的。他不能被分成两物,其中一个构成他自身的本质,另一个则是其他事物由以获得[存在]的,[不]像在我

---

① 沃本注:"流溢"(fayḍ)概念对应于普罗提诺所使用的 hyperroē(《九章集》V 2.1.1)、ekroē(《九章集》V 1.6.1)、pēgē(VI 9.5)。在这里法拉比运用新柏拉图主义的流溢概念来说明其他存在者如何从太一获得存在的机制,而古代逍遥派哲学们尽管也承认并力图证明第一因的存在,却并不关注自然世界如何从第一因派生的问题。基于此,法拉比在宇宙生成论上所持的观点是普罗提诺式的永恒创造论,区别于柏拉图的从永恒质料创造论和一神教神学的从虚无创世论。

② 此处沃尔泽本略去一句、判为插入的注释:"就是说,借由他而存在的事物的存在会使他获得完满"。

们这里的两分情形，其中一部分构成我们的本质，即理性思维，[①]另一部分是我们据以书写的，即书写的技艺。但是在他那里，是同一个自身、同一个本质构成其本质，也是这同一个本身让其他事物由以获得[存在]。

同样，太一[为了]从其存在中流溢出其他事物的存在，不需要他的自身之外的内在于他的东西，不需要内在于他的偶性，不需要使他获得前所未有的状态的运动，也不需要在他自身之外的工具，[不]像火为了从水中产生蒸汽需要热[这一偶性]来使水升温，太阳为了使我们周围的事物温暖需要运动，通过运动他获得一种前所未有的状态从而能够产生温暖世界的热，木匠为了能切割木头需要斧或锯。但是，他者的存在由以流溢而出的他的存在，并不比构成其他[自己]的本质的他的存在更完满，构成其本质的他的存在也不比他者的存在由以流溢而出的他的存在更完满，二者都是同一个自身。

同样，不可能有任何东西——无论是在他自己之中还是在他之外——阻碍他者的存在由他流溢而出。

2. 存在者数目众多，而且在优越性上有所差别。他的本质，是所有存在由以流溢而出的本质，无论这个存在是怎样的、无论它是完善的还是有缺陷的。他的本质还是这样一种本质，所有由它流溢而出的存在者都在一个等级秩序之中，每一存在者都从它获得其分所应得的存在与等级。[流溢]从其中在存在上最完善的开始，然后是较之稍微有缺陷的，然后是更有缺陷的，等而下之，直到[流溢]终结至这样一种存在，从它向下一步就是绝不可能存在的东西了，诸存在者在这种存在处终止、在它之下者未曾存在也不

---

① "理性思维"原文为 nuṭq，亦有"说话"的意思，后者是该词词根的意义，阿拉伯文中的"逻辑"（manṭiq）一词也出自这个词根；沃尔泽认为它对应于希腊文的 logos（"逻各斯"）。

可能存在。

由于他的本质是所有存在者由以流溢而出的本质，他不忽视［任何］在他的存在之下的存在，所以他是慷慨的，他的慷慨在他的本质之中。由于诸存在者都是从他获得等级秩序，每一存在者都是根据其等级从他获得其分所应得的存在，所以他是公正的，他的公正在他的本质之中。这不适用于在他的本质之外的事物。[①]

3. 同样，他的本质也是这样一种本质，当诸存在者从它那里获得他们的等级时，它们是被彼此整合、联结、组织在一起的，这众多事物借由它而成为一个整体，获得如同一个事物［的性质］。对一些事物而言，它们借以被联结和整合的东西在他们的本质之中，故而它们借以存在的本质就是它们借以被整合与连接的东西；对另一些事物而言，这个东西是在它们之中的、附属于它们的本质的某些状态，比如人借以被联结的爱，它是人之中的一种状态、不是人借以存在的本质。这些在事物之中的状态也受益于太一，因为对众多存在者而言，它们借以被联结、整合、组织的这些状态，是与它们的本质一起从他的本质中获得的。

4. 那些应当用于称述太一的名字，都是从我们周围的存在者以及其中最优越者出发来指称完满、优越的存在者的名字。但是，当这些名字用于太一时，它们所指称的不是通常意义上的完满与优越——即从我们周围的存在者以及其中最优越者出发使用这些名字来指称的那种完满和优越——而是在他的本质之中专属于他的完善。同样，通常用众多名字来指称的诸种完满本身亦是众多的，但不应由此揣测用众多名字指称的他的诸种完善也是众多的，［不应揣测］太一可以被分解为这些完善、它们的总体构成他的本质；而应认为这众多名字所指称的是绝对不可分的同一个本质、同

① 亦可译作：“这不是他的本质之外的事物”。

一个存在。[①]

5. 有些指称我们周围的事物的完满与优越的名字,所指称的是事物自身之中的东西,而不是指称它与其他事物相关的方面,如“存在者”、“同一者”、“有生命者”。而有些名字则是指称该事物与在它之外的其他事物相关的方面,如“公正者”、“慷慨者”。当这些名字适用于我们周围的事物时,它们所指称的优越与完满的一部分是由该事物与在它之外的其他事物的关联构成的,也就是说,这一关联成为该名字所指称的整体的一部分,或者说,这种优越与完满是依附于[该事物]与其他事物的关联的。当此类名字被专用于称述太一时,我们的意图是用它们来指称他与他者的这样一种关联,即他者的存在都是从他流溢而出的。我们不应将这种关联视为他的完满的一部分,也不应将该名字所指称的那种完满看作是依附于这种关联的。我们应当用该名字指称这种关联必然随之而来的那种本质与完满;在这里,这种关联是依附于这种本质的、是随他的本质而来的,这一本质是该名字所指称的[对象]。

---

① 沃本注:相似论述亦见《论一和单一性》(见注 24 [即本书页 15 注①], 页 10, 1.10):“‘一’用来述说具有不可分的本质的事物,尽管该事物可以用众多名字和众多言词来描述,但众多的名字和言词并不意味着事物之中(有)相应的众多对象”。

第二部

第3章

1. 从太一流溢出第二者的存在。因此这个第二者也是绝无形体的本质,不在质料之中。它思维它自身,也思维太一。它对自身所思维的东西,不是在它自身之外的事物。通过它对太一的思维,第三者的存在必然从它产生。通过它构成自身个别本质[的活动],第一天体①的存在必然从它产生。

2. 第三者的存在同样不在质料之中。它在本质上是理智,因此它思维它自身并思维太一。通过它构成自身个别本质[的活

---

① 沃本注:法拉比在这里所阐发的天体理论不是亚里士多德和逍遥派的八重天结构,而是托勒密的九重天模型(见托勒密的《行星假说》[*Planetary Hypothesess*],ed. J. L. Heiberg, Lipsiae, 1907, Book II, 页 119, 1.21),即在恒星天之上还设置了一重没有星体的第一天体。法拉比在阿拉伯哲学中所开启的用托勒密体系修正亚里士多德天文学的作法,被伊本·西那(阿维森纳)、安萨里、迈蒙尼德等所继承,而伊本·鲁世德则极力恢复纯正的逍遥派天体理论(《亚里士多德形而上学概要》*Epitome of Aristotle's Metaphysics*, ed. S. van den Bergh, Leiden, 241f)。法拉比在本章中所阐述的以思维的方式递相产生的上界实体生成模式,巧妙整合了亚里士多德的诸天体推动者理论、新柏拉图主义的可理知世界流溢程式和托勒密的天体模型及内在动力假说这三种思想资源,力图同时满足物理学和神学—形而上学的双重知识诉求、并在二者之间建构内在关联。

动],恒星天的存在必然从它产生。通过它对太一的思维,第四者的存在必然从它产生。

3. 这[第四者]同样不在质料之中,它思维它自身并思维太一。通过它构成自身个别本质[的活动],土星天的存在必然从它产生。通过它对太一的思维,第五者的存在必然从它产生。

4. 第五者的存在同样不在质料之中,它思维它自身并思维太一。通过它构成自身本质[的活动],木星天的存在必然从它产生。通过它对太一的思维,第六者的存在必然从它产生。

5. 这[第六者]的存在同样不在质料之中,它思维它自身并思维太一。通过它构成自身本质[的活动],火星天的存在必然从它产生。通过它对太一的思维,第七者的存在必然从它产生。

6. 这[第七者]的存在同样不在质料之中,它思维它自身并思维太一。通过它构成自身本质[的活动],太阳天的存在必然从它产生。通过它对太一的思维,第八者的存在必然从它产生。

7. 这[第八者]的存在同样不在质料之中,它思维它自身并思维太一。通过它构成自身个别本质[的活动],金星天的存在必然从它产生。通过它对太一的思维,第九者的存在必然从它产生。

8. 这[第九者]的存在同样不在质料之中,它思维它自身并思维太一。通过它构成自身本质[的活动],水星天的存在必然从它产生。通过它对太一的思维,第十者的存在必然从它产生。

9. 这[第十者]的存在同样不在质料之中,它思维它自身并思维太一。通过它构成自身本质[的活动],月球天的存在必然从它产生。通过它对太一的思维,第十一者的存在必然从它产生。

10. 这第十一者的存在同样不在质料之中,它思维它自身并思维太一。但是,在它这里,其存在不需要任何质料或基质的存在者终止了,这种存在者就是[与质料]分离的事物,它们在本质上是理智和理智对象。而且,在月球天这里,天体的存在也终止了,这些天体是按其本性作圆周运动的。

第三部

第4章

1. 我们先前列举的存在者,都是从一开始就获得其本质上的最大完满的[事物],这种存在终止于那两个事物[月球天和第十一者]。

2. 在它们之后的事物,是那些按其本性并不是从一开始就实现其本质上的最大完满的[事物];它们的情况是起初处于最欠缺的状态,然后开始逐渐上升,直到它们中的每一个种都达到其本质上的最大完满,然后是其他偶性上的[完满]。这一状态是在该物种的本性之中的,并非外来事物的干预所致。这些事物中有自然的,也有有意愿的,还有既是自然的又是有意愿的。其中,自然的事物是有意愿的事物的准备条件,前者的存在在时间上先于后者,没有自然的事物先行存在,有意愿的事物不可能存在。

3. 其中自然的事物是:诸元素[1],如火、气、水、土,及从属于它们的事物,如蒸汽、火焰等;矿物,如石头及从属于它的事物;植物;

---

① 法拉比在此处以及上一章论天体时都没有提到亚里士多德所特有的"以太"或"第五元素"构成天体世界的理论。沃尔泽据此推断法拉比在元素论上实际上持新柏拉图主义立场,即主张有一种精神性的、可理知的质料。但是,从下文(7.6)对天体质料的描述来看,法拉比的意见其实更接近于亚里士多德的以太说。

不能说话的动物和能说话的动物。①

第5章

1. 这些[事物]中的每一个都依附于两种事物:其中一个的地位就像一张床的木料之于这张床,另一个的地位就像床的形态之于床。② 地位相当于木料的是质料和物质,地位相当于形态的是形式、样式以及属于它们的种属的东西。质料是形式所依存的基质,形式离开质料就无法持存和存在。而质料是为了形式而存在的,如果没有形式,质料为之存在的[那个理由]就不存在了。但是,形式的存在不是为了使质料据以存在,而是为了使有待于形体化的本质获得现实的本质。因为,每一个种只有在其形式获得[实现]时才能获得现实的存在与存在的最大完满;而当其质料还保持没有形式的存在状态时,它就只是一个潜在的种,就像当一张床的木料还保持无形式状态时,它就只是一张潜在的床,而当其形式在其质料中获得[实现]时,它就成为一张现实的床。一个事物较欠缺的存在是它在质料中的存在,其较完满的存在是它在形式中的存在。

2. 这些物体的形式是彼此相反的。它们中的每一个都可能存在,也可能不存在。它们中每一个的质料都能接受它的形式或其形式的相反者,一个事物的形式可以在这种质料中存在也可以不在其中存在;这种质料也可以脱离那种形式而存在。

3. 元素有四种,它们的形式是彼此相反的。它们中每一个的质料都能接受某种元素的形式或其形式的相反者。它们中每一个

---

① "能说话的",原文为 nāṭiq,亦有"能作理性思维的"意义。

② 沃本注:"床"作为说明质料与形式的举例,频见于亚里士多德哲学传统,如《物理学》193a 12,《论生灭》724a 23 及 729b 17。法拉比对质料与形式这两个概念的详尽阐释见《学科列举》(*Iḥṣā' al-'ulūm*, al-Qahira, 1968, 第4章)。

的质料都是所有事物共有的,既是它们的质料,也是天体之下的所有其他物体的质料,因为天体之下的所有其他物体都是由诸元素构成的。诸元素的质料不再有[构成它们]的质料,它是为所有天体之下的事物所共有的原初质料。[①] 这些事物不是从一开始就被给予形式的,它们最初只是被给予原初质料,据此其存在只是〈遥远的〉潜在的,〈而非现实的,因为它们只被给予了原初质料,故而它总是在追求那借以构成其本质的形式。〉[②]然后,它渐次上升,直到获得事物的形式,据此它的存在才成为现实的。

第6章

1. 这些存在者的次序是:首先是其中最低贱的,然后是较优越的,更优越的,直到[序列]终止于其中最优越的、[这些事物中]再也没有比它更优越的。由此,最低贱的事物就是[事物所]共有的原初质料,较优越的是诸元素,然后是矿物,然后是植物,然后是不能说话的动物,然后是能说话的动物。在能说话的动物之后再没有比它优越的[天体下的事物]了。

2. 而我们前面提到的那些存在者的次序则是:首先是其中最优越的,然后是较欠缺的,更欠缺的,直到[序列]终止于其中最欠缺的。其中最优越、最完满的是太一。在那些从太一[流溢]而出的实体之中,总体来说最优越者是那些既不是形体也不在形体之

① 据沃尔泽,法拉比在此处及下一章所引进的“原初质料”(al-mādda al-ūlā/prōtē hylē)观念,“偏离”了亚里士多德的相关理论,在后者那里这个概念的应用并不一致、没有成为一个技术术语。直到斯多亚主义兴起后,原初质料理论才被真正建立起来,后来又被古代晚期的逍遥派和普罗提诺所代表的新柏拉图主义吸收,法拉比所承袭的正是这样一种晚期希腊化哲学的共识。

② 〈〉中内容在加尔各答孟加拉亚洲学会(Calcutta, Asiatic Society of Bengal, 公元1756年)藏本和伦敦大英博物馆(London, British Museum, 公元1694年)藏本中被归为边注。

中的事物。在它们之后的是天体。最优越的分离者是第二者,然后依次是其他[分离者],直到[序列]终止于第十一者。最优越的天体是第一天体,然后依次是其他[天体],直到[序列]终止于月球天。太一之后的分离事物有十个,天体总共有九个,因此[月上存在者]共有十九个。

3. 这十个[分离事物]中的每一个就其存在和等级而言都是单独的,不可能有在它之外的其他事物具有它的存在。因为,如果有其他事物分享它的存在,这个其他事物——如果是在这个[分离事物]之外的——必定具有某种将其与这个[分离事物]区分开来的东西,这种东西就是使其个别化的存在;而这个使其个别化的存在,不是使这个[分离事物]得以成为存在者的那个[存在],因此,这两个事物的存在不是同一个存在,两个事物都各自具有使其个别化的东西。

4. 同样,他不可能有相反者,因为有相反者的事物具有与其相反者共享的质料,而这些[分离者]中的任何一个都不可能有质料。此外,在一个种之下有众多个体,[①]仅仅是因为[承受]这个种之形式的基质是多样的。而对于没有质料的事物而言,在它的种之中不可能有在它之外的其他事物。而且,相反关系总是或发生于本质相反的事物之间,或发生于同一事物的相反状态以及相对于其基质的相反关联之间。就像冷和热都出于太阳;太阳处于两种相互区别的状态,即远和近,由此产生彼此相反的状态和关联。太一不可能有相反者,不可能有相对于第二者的相反状态,也不可能有相对于第二者的相反关联。在第二者中也不可能有相反关

① 沃本注:此处个体(ashkhāṣ),对应于希腊哲学中的 atoma(见亚里士多德《范畴篇》2a 38),意即与一般实体相对的个别实体;这个概念在希腊语境中还有另一重意义,即德谟克利特、伊壁鸠鲁所说的“原子”,这一观念在阿拉伯—伊斯兰哲学中被凯拉姆学家们所继承,但是被译为另一个阿拉伯语名词 jawhar(更完整的表述是 jawhar fard),意为“(不可再分的)单独实体”。

系，第三者中同样不可能有，[依次类推]，直到[序列]终止于第十者。

5. 这十个[分离者]中的每一个都思维其自身，并思维太一。但仅仅思维它自身，并不足以使其中的每一个成为优越存在者，只有在思维它自身的同时思维第一因自身，才能使它获得完满的优越。

6. 太一的优越愈是超越于它自身的优越，思维太一[这一活动]所带给它的自我满足就愈是超越于思维它自身所带来的自我满足。同样，太一的完满愈是超越于它自身的完满，思维太一[这一活动]所带给它的自身愉悦就愈是超越于思维它自身所带来的自身愉悦。太一的光辉与美愈是超越于它自身的光辉与美，思维太一[这一活动]所带给它的对自身的骄傲与恋慕就愈是超越于思维它自身所带来的对自身的骄傲与恋慕。故而在它那里，太一，作为它所思维者，是第一义的所爱者、第一义的所引以为骄傲者，而它自身作为它所思维者只是第二义的[所爱者和所引以为骄傲者]。就与这十个[分离者]的关系而言，太一永远是第一义的所爱者、第一义的所恋慕者。

第7章

1. 天体有九个系统，分为九个层级，每一层级系统都被一个球状天体包裹。其中的第一个只包含一个物体，作单一的、非常迅速的圆周运动。第二天体是一个单一物体，其中包含众多做共同运动的物体，[①]它们全体共享这两种运动。第三天体和在它之后的天体直到第九天体中都各自只包裹一个物体[②]，它们的运动是

---

① 指所有恒星。

② 指某一行星（太阳亦包括在内）。

多样的、相互区别的，其中每一个都有自己的个别的运动，同时分享其他的运动。

2. 这些天体都属于同一个属，但在种上相互区别。其中每一个种都只能有一个个体，不可能有其他事物分有这个种。因此，没有与太阳同种的其他事物分享它的存在，它在存在上是单一的，月球和其他星球亦是如此。

3. 这些[天体]与有质料的存在者同属，[因为]它们有基质，这些基质就如同[月下事物中]作为承载形式之基质的质料，它们也有类似于[月下事物中]构成其本质的形式的事物。这些[类似于形式的]事物持存于那些基质之中，但是它们的形式不可能有相反者，它们中每一个形式的基质都不可能接受这一形式之外的任何其他形式，也不可能脱离它①。因为它们形式的基质之中没有存在方面的缺乏，它们的形式也没有与之相对的缺乏，因而它们的基质不会妨碍它们的形式进行思维活动，也不会妨碍它们自身成为理智。

4. 因此，这些天体中的每一个就其形式而言都是现实理智。借助这一形式，这一天体思维它的存在所从出的分离者之自身，并思维太一。但是，它思维它自身时所思维的东西并非都是理智，因为它也思维自己的基质，这基质并非理智，由于它并不是凭它的基质来思维，而是仅仅凭它的形式来思维。因此，在它之中，理智对象并不就是理智，它就它的形式所思维的东西才是理智。故而它凭借一种理智而思维，这种理智并不是构成其本质的事物的全部。在这点上，它不同于太一和那十个与质料及任何基质相分离者，而与人相同。

5. 它在自身中感到满足，不仅由于思维它自身，更由于思维太一以及思维它的存在所从出的分离者之自身。它与分离者同样

① 指“这一形式”。

恋慕太一、同样由于它从太一的光辉与美所获得的东西而感到自我骄傲，只是在所有这些方面的程度上都不像那十个[分离者]那么高。

6. 在所有和它一样具有质料的事物中，它拥有最高贵、最优越的质料。这是由于它拥有最优越的形状，即球形；同时拥有最优越的可见性质，即发光。因为它们①的一些部分即星球，是发光者；而另一些部分是现实的透明体，其中总是充满了来自它们②自身的以及获取自星球的光。它们③拥有最优越的运动，即圆周运动。它们与那十个[分离者]同样从一开始就获得了最优越的本质，也获得了它们的大小、形状以及使其特殊化的可见性质。

7. 它们的不同之处在于，它们不是从一开始就被给予了其运动所朝向的目标，这个目标是出现于物体之中的一个最低微的偶性；因为每一个物体都在某个位置上，属于这个物体的这种位置是物体的空间。该物体不可能整个地从这种位置移开。但这种位置是有各个部分的，处于其中的物体也是有各个部分的。该物体的任一部分都不比其他部分更值得占据这空间的某一部分，但是该物体的每一部分必须[相继]占据这空间的每一部分；同样，并没有任何部分更适合在某一时刻[占据某位置]而在其他时刻不适合，事实是[该物体的每一部分]在每一时刻持续[占据这空间的每一部分]。当该物体的一部分占据空间的某一部分时，它需要占据在此部分前面的那一部分。它不可能在同一时刻占据两部分，它必须撤出它原先所在的[那部分]而移向前面的[部分]，以[陆续]占满这空间中的每一个部分。因为并没有某一时刻比其他时刻更适合它占据先前所占据的那部分，故而它必然持续不断的占据[这空间的各部分]。既然它不可能持续不断的占据[这空

---

① 指众天体。

② 指透明体。

③ 指众天体。

间的]在数目意义上的同一个部分,它就转而占据在种类意义上的同一个部分:它一时在某部分,一时又离开,轮转到与之类似的另一部分,过一会再撤出,轮转到第三个类似的部分,过一会又撤出、轮转到第四个,由此持续不断。

8. 显而易见,物体在其中运动、转换、轮转的[空间],是它与包围它的天体之间的相对关系①。这里"相对关系"的意思是说"这个属于那个"、"这个出于那个"以及诸如此类,由此,位置的意义是物体与覆盖它的表面之间的相对关系。对每一个天体——无论是天球还是有形轨道——而言,其各部分与它们之下的物体的表面的各部分间的相对关系是不断转变的。其中的每一个在将来的某个时刻都将轮转到与先前类似的一种相对关系中。一物与他物的相对关系是它所具有的最低级的存在,是与该物的本质相距最遥远的偶性。

9. 每一个天球与其中的有形轨道,都各自有其独立的运动,快慢彼此不同,就像土星天和月球天,月球天运动得比土星天快。这种运动上的差别与它们彼此之间的关联无关,完全是由于其本身与其自身,慢的永远如此慢,快的永远如此快。此外,许多天体在相对于中心以及在它们之下的事物的位置方面彼此不同,由于这种位置的不同,它们中的每一个都有某种偶然的特性,即在围绕地球旋转的过程中时快时慢;这与某些天体总是运动得快、另一些总是慢的情形不同,后者就像土星与月球之间的运动[速度]的关系。同样,由于它们的彼此关联,它们有时相会,有时分开;它们处于彼此相反的关系之中;它们有时接近在它们之下的事物,有时又远离它。这些相反关系既不是出于它们的本质,也不是出于接近本质的偶性,而是出于它们的相对关系。比如升与降,就是一组天体相对于在它们之下的事物的彼

① "相对关系",原文为 nisbah,意为"比例"、"相互关系"。

此相反的相对关系。①

10. 天体是最先被相反关系所附着的存在者。相反关系在其中显现的最初的事物就是天体与在它之下的事物以及天体彼此之间的相对关系。这种相反关系是最低级的相反关系,而相反是一种存在上的缺陷,因此天体被就存在而言最低级的事物中的缺陷所附着。

11. 所有天体都共有一种本性,即由于第一天体的运动而在一昼夜间环行一周。第一天体之下的事物的这种运动并非出于强制,因为在天上不可能有任何事情是出于强制而发生的。同时,它们之间在本质上有区别,但这种区别不是相反,就像土星和木星的区别、任一星球与另一星球的区别以及任一天体与另一天体的区别。然后,它们在其相对关系上被相反所附着,就像我们说过的。这一相对关系随着它们的相反关系而转变并交替。它们从某一相对关系撤出、进到它的相反者,然后又回到原先撤出的关系,所谓"原先撤出的关系"是就种类意义而言、并非就数目意义而言。因此,它们处于彼此轮替的相对关系中,有的[天体]轮转周期较长,有的较短,也有那种从不轮替的状态和相对关系。还有一众天体与某个事物彼此之间处于相反关系中,比如说它们中的有些离这个事物较近,有些则离它较远。

第8章

1. [我们]可以做出以下必然推论:从它们所共有的本性可推论出原初质料的存在,这种原初质料为在它们之下的事物所共有;从它们的本质差异可推出众多在本质上相互差异的物体的存在;

① 沃本注:此章7–9节对天体的运动原理及天体相对于分离实体(无运动亦无相反关系)的缺陷性的论述,基于亚里士多德《物理学》第四卷2–4章。

通过它们之间的相反关系可推出彼此相反的形式的存在;从它们相反关系的转变与轮替,可推出彼此相反的形式在原初质料中的转变与轮替;从一众天体在同一时刻相对于同一事物而出现的相反关系与互不相容关系,可推出具有彼此相反的形式的事物的混合。众多种类的物体,源自各种混合的不同类型;其存在——在或短或长的周期中——往复轮替的事物,源自它们的轮替与复归的关系;一旦发生不再重复的事物,源自它们只在特定时刻——此前未曾、此后不再——发生的关系和状态。

2. 首先,诸元素生成①,然后是与它们同类并接近于它们的物体,就像蒸汽及其各种类型如云、风及其他在气中生成的东西,还有那些在土周围及其下、在水中和火中的与它们同类的事物。以下事物在诸元素中以及在[上述]其他事物里的每一个中生成:它们借以自发地、不假外力推动地移向那些为了它们或通过它们而存在的事物的力;它们相互作用的力;它们承受彼此作用的力。然后,天体作用于它们,它们也彼此作用。从这些方面的作用的聚合中生成众多种类的混合与大小,其中有些以并不相反的方式相互差异,另一些以相反的方式相互差异。

3. 其他物体的存在必然随它们而来。首先,诸元素相互混合,许多彼此相反的物体从中生成。然后这些相反的物体彼此混合,或者不仅彼此混合还与诸元素混合,由此在第一次混合后又有第二次混合,从中又有许多在形式上彼此相反的事物生成。同样,从这些事物中的每一个也生成它们相互作用的力,它们承受彼此

---

① "生成"原文为"ḥadath",意为"新生"、"在时间中进入存在",对应于亚里士多德《论生成与消灭》(*Peri Geneseos kai Phthoras*)中的"geneseos"。沃尔泽观察到,法拉比在本章解释月下事物生成机制时完全诉诸天体运行及元素混合等自然因果作用,似乎是有意识的排除超自然的创造动因或神圣意志选择在事物生成过程中的作用,与之前肯迪(al-Kindī)时常诉诸神学概念、凯拉姆穆尔太齐赖派(the Mu'atazilites)用持续不断的神圣干预解释生成现象(事实上这种理论也被后来兴起的艾什尔里派[the Ash'arites]所坚持)的作法形成鲜明对比。

作用的力,它们借以不假外力、自发运动的力。然后,天体也作用于它们,它们彼此作用,诸元素作用于它们,它们也作用于诸元素。从这些不同方面的作用的聚合中,生成众多其他的混合,使它们更加远离诸元素和原初质料。混合继续进行,二次混合较之前次复合程度更高,直到这样的物体生成,不可能再有比它们更为远离诸元素的其他物体生成,至此混合终止。

4. 一些物体从第一次混合中生成,一些从第二次混合中生成,另一些从第三次中生成,还有一些从最后的混合中生成。矿物通过较接近于诸元素的混合而生成,其复合程度较低,远离诸元素的等级也较低。植物通过复合程度更高的混合而生成,远离诸元素的等级也较高。不能说话的动物通过比植物复合程度更高的混合而生成。只有人是通过最后的混合而生成的。

5. 在上述每一个物种中都有它们借以自发运动的力、作用于他者的力以及承受他者作用的力产生。那些作用于他者的施动者总共有三种受动者:它较多作用于其上的,它较少作用于其上的,它均等地作用于其上的。同样的,他者作用的接受者也有三种施动者:较多作用于它的,较少作用于它的,均等地作用于它的。一物对另一物的作用或者是助成它或者是反对它。然后,天体作用于它们中的每一个,同时它们相互作用,或助成或反对他者。对于那些它们助成的事物,它们有时助成,有时反对;对于那些它们有时反对的事物,它们有时也会助成。天体的各种作用与它们彼此之间的相互作用联合,从这种联合中生成大量另外的混合,又由此在每一个物种中生成大量相互区别的个体。因此,这些就是天体之下的自然事物存在的原因。

第 9 章

1. 首先它们以这些方式进入存在。一旦存在,这就是它们持存和延续的方式。但是，由于这种存在者由质料和形式构成，形式是彼此相反的，每一种质料按其本性既可获得一种形式也可获得它的相反者，故而这些物体中的每一个都有权利和资格获得它的形式与它的质料。它由其形式而具有的权利是保持它所拥有的存在，它由其质料而具有的权利是获得与其所拥有的存在相反的另外的存在。因为它不可能在同一时间拥有这两种[相反的存在]，它必然是时而拥有这种[形式]时而拥有另一种。它在某段时间进入存在并保持它原先保有的存在，然后消灭，它的相反者进入存在，这一过程不断往复。所以，二者中的任何一个在存在上都不比另一个优先，任何一个在持存上也不比另一个优先，因为二者中的任何一个都拥有存在与持存的份额。

2. 同样，既然两个相反者共有同样的质料，相反者中的每一个都依存于它，这种质料对二者中的任何一个都不具有优先性，也不可能同时成为二者的质料，那它必然时而被给予相反者中的一个、时而被给予另一个，在二者之间往复轮替。由此，二者中的任何一个似乎都对另一个所拥有的东西享有权利，彼此都拥有属于对方的东西，二者中的任何一个都对理应在二者之间轮转的东西享有权利。在这里，公正①就是质料从二者中的一个被给予另一个，或者反之，在二者之间往复轮替。为了在这些存在者中实现公正，一个事物不能作为数目意义上的一而永恒持存，但是它作为物

① 沃本注：这种自然过程中的"公正"（'adal/justice）理论可追溯至六世纪的新柏拉图主义者辛普里丘（Simplicius）对亚里士多德《物理学》的评注："自然科学（physiologia）是有用的，因为它有助于人以一种更好、更完善的方式行动；它增进公正的德性，因为它显示诸元素和宇宙的各部分相互让步，满足并喜悦于它们的秩序安排，保持着几何式的（即比例的）齐一。所以，它力避不公，并且绝不觊觎过大的份额"（*In Aristotelis Physicorum*, ed. H. Diels, Berolini, 1882–95, 页 4, II 17 ff）。然而，并无证据表明辛普里丘的评注曾译成阿拉伯文，故沃尔泽推测法拉比可能是通过他的老师阿布·比什尔·马塔（Abū Bishr Mattā，卒于 940 年，基督教亚里士多德主义者，巴格达学派代表人物）所作的亚里士多德《论生成与消灭》评注了解到这一观点的。

种意义上的一,是被确立为永世持存的。为了使事物作为物种意义上的一而持存,这个物种的诸个体需要在某段时间存在,然后消灭,此物种中的其他个体取代它们的位置并持存一段时间,然后又消灭,其位置被此物种的其他个体取代。这一过程以类似方式不断进行。

3. 这些个体中有些是元素,有些是元素的混合体。在混合体中,有些复合程度较高,有些较低。至于诸元素,毁灭其中每一个的相反者都只是来自于它的外部,因为元素在它的种属内没有相反者。至于复合程度较低的混合体,在它之中的相反者很微小,其力量薄弱。因此,在它自身之中的相反者力量微弱,除非借助外力不足以毁灭该事物。所以毁灭它的相反者也是来自它的外部。对复合程度较低的混合体来说,毁灭它的相反者只是来自它的外部。至于那些复合程度较高的混合体,由于在它们之中相反事物众多以及这些事物的复合,在它们之中各种混合事物的相反关系就变得更为明显。在它们之中的各种相反事物的力量强大,这些事物同时彼此作用。而且,因为它们由并不相似的部分构成,在它们之中可能有相反关系存在,所以,毁灭它的相反者同时来自它自身之外和之内。

4. 被来自外部的相反者毁灭的物体,并不总是自我解体,就像石头和沙子以及与之同类的东西只在外物作用下才解体。而其他物体,如植物和动物,也会由于内部的相反事物而解体。如果这些事物中的一个试图在一段时间内保持其形式,就必须长久替代解体的物体或取代它的位置。一个事物要取代解体的物体,就必须与后者相连接,脱下该事物原先具有的形式,穿上这个物体本身的形式。这就是所谓的“滋养”,这些物体由此被给予一种滋养的功能以及辅助这种功能的所有东西,以致这些物体中的每一个能够将与其相反的事物吸引向其自身,剥离这种相反的形式、使它接受该物体的本质并穿上附属于后者的形式,直到这种功能随着时间延续而减弱,不再能以相似物替代该物体解体的部分,该物体就消灭了。因此,物体以这种方式面对内在的解构者而得以保存,至于面对外在的毁灭者,它则部分借助内在的、部分借助外在的工具而得以保存。

5. 事物作为物种意义上的一而持续,需要其他个体取代消灭的事物的位置,这些个体生成并取代消灭的事物的位置。这可以有两种方式:一种是原初的个体与新生的个体并存,直到前者消灭、后者取代其位置,这样在每一时刻都有该物种的个体——或在此地点或在别的地点——存在;另一种是继承原初个体的个体在前者消灭后生成,这样使时间之中总有该物种的个体存在。因此,一些个体被赋予生产与它们种类相似的事物的能力,另一些则没有。对于那些未被赋予这种能力的个体而言,它们中消灭的事物的相似物是由天体单独或在诸元素的协助下构造的。对于那些被赋予生产与其种类相似的事物的能力的个体而言,这种能力与天体及其他事物共同发挥作用,或是协助,或是反对——在后一种情形中,反对不至于取消该功能的作用,而是生成一种混合[作用]:或者制衡该功能所产生的作用,或者使它或多或少地偏离平衡状态,但以不取消它的作用为度。由此,取代该物种中的消灭者的事物以这种方式生成。所有这些过程[的发生次数]或较多或较少或均等,物种就是以这种方式恒久持存。

6. 这些物体中的每一个都由其形式与其质料而具有某种权利。它由其形式而具有的权利是不断保持其现有的存在;它由其质料而具有的权利是获得与其现有存在相反的存在。公正是这些权利中的每一种都获得满足,但由于它们不可能同时获得满足,一个必然的结论是,其中之一在一段时间满足而另一个在另一段时间满足。因此,一个物体进入存在并持存一段时间,然后消灭,它的相反者进入存在,如此不断反复。使它保持存在的,或者是该物体形式中的一种能力;或者是另一物体中的一种能力,这后一种物体与它相连、成为帮助它保持存在的工具;或者承担保持它的存在的责任的,是统摄被保持的事物的另一事物,后者是天体或在它之外的某物体;再或者,这[物体的持存]是所有这些因素共同作用的结果。

7. 此外,这些彼此相反的存在者的质料是相同的。因此,此物的质料就是彼物的质料,反之亦然。所以,这些存在者中的每一个都占有属于其他存在者的东西,而其他存在者也占有属于它的东西。由此就像是其中每一个都以这种方式对每一他者所占有的某种东西享有权利,依此种权利这个东西理应归于它。[某物体的]质料成为他者的所有物,有两种方式:或者是该质料穿上他者自身的形式,就像一物为另一物所食;或者是该质料穿上他者之物种的形式而非自身的形式,就像某些人取代那些死去的人。在这里,公正就是将此物所占有的属于彼物的质料给予彼物,将彼物所占有的属于此物的质料给予此物。一物借以从其相反者获得和剥除其质料的,或是在这个物体之中与其形式相连的一种能力,这种能力由此成为对该物体而言不可分离的工具;或是其他物体中的一种能力,这个其他物体由此成为对该物体而言可分离的工具——此工具仅仅起到从该物体的相反者剥除其质料的作用,该物体或其他物体中的另一种能力给它穿上该物体自身的或其物种的形式。有可能是一种能力同时起到两种作用。给予该物体[对于质料的]权利的,也可能是统摄该物体的另一物体,后者或是天体或是其他事物。还有可能是所有这些因素的综合造就了这个结果。

一个物体在以下两种情形中成为另一物体的质料:或是另一物体给予它整个形式;或是[另一物体]折损其形式、削减其力量。一个物体以下两种方式成为服务于另一物体的工具:或是以其整个形式[的方式];或是通过削减其形式的少许力量,以不出离其本质为限,就像一个人压制奴隶的劣性以使其顺从和服务。

第四部

第10章

1. 人一旦生成，在他之中首先生成的就是借以获得营养的官能，即营养官能；然后是借以感知可触对象——如热、冷、和其他可触对象——的官能，借以感知味道的官能，借以感知气味的官能，借以感知声音的官能，以及借以感知颜色和所有其他可见对象——如光线——的官能。另一官能与感觉官能相伴而生，即借以对感觉对象形成欲望——或渴求它或厌恶它——的官能。在此之后，另一官能生成，它是借以在灵魂中保存已经不再被当下直击的感官印象的想象[①]官能。正是凭借这种官能，感觉对象被以各种不同的方式复合与分解，其中一些[想象产物]是虚假的，一些是真实的。同样也有与此相关联的指向想象产物的欲望。然后，理性官能[②]生

① 沃本注："想象"（mutakhiyalah）对应于希腊文的"phantasia"，见亚里士多德《论灵魂》427b 16，433a 10。

② "理性官能"原文为"al-quwah al-nāṭiqah"，"al-nāṭiqah"本义为"能说话的"、"能推理的"；另参见注31、33（即本书页26注①、页32注①）。

成,凭借这种官能,人可以思维[①]理智对象、区分善恶并掌握各种技艺与科学。同样也有与此相关联的指向思维对象的欲望。[②]

2. 营养官能中有统领的官能和辅助及服务的官能。[③] 统领的营养官能在心脏这一人体器官中,辅助及服务官能分散于其他人体器官中——每一个服务及辅助官能各在一个器官之中。统领官能在自然本性上掌管其他官能,后者以其功能配合存在于心脏之中的统领官能的自然目的,就像胃、肝、脾以及服务于它们的器官、服务于这些服务器官的器官及更下一级的服务器官。因此,肝是一个既统领也被统领的器官,它被心脏统领,同时自己统领胆、肾及类似于此二者的器官。膀胱服务于肾,肾服务于肝,肝服务于心脏——这也适用于其他器官。

3. 在感觉官能中有统领者和辅助者。辅助者就是众所周知的五种感觉,分布于眼睛、耳朵及其他感觉器官之中,五感中的每一种认知一种特殊的感觉对象。统领者汇集五感所感知的所有东西;五感就像是它的预报者,又像是信使,其中每一个负责某个种类的或者某一领域的信息。统领者就像是国王,[④]来自各个信使的关于各个领域的信息在它那里汇集。这些感觉官能中的统领者也在心脏之中。

4. 想象官能没有分布于其他器官的辅助者,它是单独的,也

---

① 此处及下一句中的动词"思维"原文为"ya' qil",与本句中的"理智对象"(ma'aqūl)同词根,其意义见注 19(即本书页 18 注①)。

② 沃本注:法拉比在此作出的灵魂中营养、感觉、想象、欲望、理性五种官能的划分,出自阿芙罗蒂西亚的亚历山大所作的《灵魂论》(*Praeter commentaria Scripta minora. 1: De anima liber cum mantissa*, ed. Ivo Bruns, Berolini, 1887-1892;此文是对亚里士多德《论灵魂》思想的发挥),法拉比本人曾为此文作注。

③ 沃本注:这种在官能中建立等级秩序的观念同样出自亚历山大的《灵魂论》(i, 页 100, 1.13),而亚历山大则是从斯多亚学派吸取了这一思想,此处"统领"(ra'īs)对应于斯多亚学派的"hēgemonikon"概念。

④ 沃本注:此处"王与信使"隐喻原型出自柏拉图《蒂迈欧》70b,后来被逍遥派、斯多亚学派和新柏拉图主义者普遍接受和使用。

存在于心脏之中。它保存已经不被感知的感觉对象,它在本性上是这些感觉对象的管理者、对它们施以判断:将它们彼此分离,并以不同的方式加以复合。由此导致的结果是,一些想象产物符合被感觉到的东西,另一些则不符合。

5. 理性官能在所有器官中都没有与它同种的辅助者或服务者。它统领所有其他官能,后者[主要]是想象官能和所有内部有统属关系的官能中的统领者。因此,它统领着想象官能、感觉官能中的统领者以及营养官能的统领者。

6. 欲望官能——[人]借之渴求或厌恶某物——之中有统领者也有服务者。意愿通过这一官能而生成,而意愿就是一种使人趋向或远离某个被感觉或想象或理性官能所理解的事物的欲望,也是一种关于应当获取还是放弃的决断。欲望可以指向某种认识,也可以指向某种行为,这种行为或是运用全身或是运用部分肢体。欲望只通过统领的欲望官能来生成,身体行为则由服务于欲望官能的各官能来生成。

7. 这些官能分布于为实现相应行为而准备的各个器官之中,其中有神经,也有肌肉,它们延伸到那些实现动物及人类的欲望所指向的行为的肢体。这些肢体是手、脚和其他被意愿所驱动的肢体,诸如此类。这些存在于此类肢体中的官能,都是服务于统领的欲望官能的有形工具,这种欲望官能存在于心脏之中。

8. 对于事物的知识,可以来自理性官能,可以来自想象,也可以来自感觉。当欲望指向必须由理性官能来理解的事物的知识时,满足这一渴求的行为需借助另一种理性官能,即实践智慧、熟虑、慎思和推断借以生成的实践理性官能。当欲望指向必须由感觉来理解的事物的知识时,满足它的行为由身体的行为和灵魂的行为复合而成,比如说,对于我们想要看的事物,我们要张开眼睑,注目于它,如果它距离遥远,我们会走向它,如果在它之前有一道屏幕,我们会用手把屏幕移开,所有这些都是身体的行为,而感觉本身是灵魂的行为。其他感觉也是如此。当对于某事物的想象被渴求,满足它的方式有多种:其中一种是借助想象官能的行为[来实现],如想象所希望和期待的事情,或想象过去的事情,或希冀想象官能所复合而成的东西;第二种是借助由对某物的感觉而传送到想象官能的东西[来实现],后者通过想象而转化成被恐惧或被信赖的事物;或者是借助由理性官能的行为而传送到想象官能的东西。

9. 这些就是灵魂的诸官能:统领的营养官能就像是感觉官能的质料,而感觉官能是营养官能的形式;统领的感觉官能是想象官能的质料,而想象官能是统领的感觉官能的形式;想象官能是理性官能的质料,而理性官能是想象官能的形式。理性官能不再是任何其他官能的质料,它是在它之前的所有形式的形式。至于欲望官能,则依附于统领的感觉官能、想象官能及理性官能,就像热存在于火之中并依附于火的本质。

第11章

1. 心脏是不被任何其他身体器官所统领的统领器官。仅次于它的是脑,脑也是统领器官,不过不是第一位的统领器官而是第二位的:它被心脏所统领,同时统领所有其他器官;根据心脏的自然目的,脑服务于心,而所有其他器官服务于脑。它就像是一户人家的管家,根据主人的意图,他自己服务于主人,而家里的其他人服务于他,主人的意图在于两件事:代表他占据他的位置,代替他处理他作为统领者不能处理的事情。在服务于心脏方面,脑被委派了最高贵的工作。

2. 例如,心脏是内在的热能之源①,热能从它散布到所有其他

① 沃本注:这种以心脏为生命体动力(即热能)之源的思想,出于亚里士多德《论灵魂》(416b 29)及阿芙罗蒂西亚的亚历山大的《论灵魂》义疏(i, 页 40,1.21)。

器官,并被它维持,这是由于内在的生气从心脏通过诸动脉散布到各器官。心脏所提供的热能恒久维持着各器官中的热能。脑负责调节从心脏传送到各器官的热能,以使到达每一器官的热能都均衡、适宜。这是脑的首要功能,也是它服务[于心]的首要事务,也是它对各器官履行的最一般的功能。

3. 又例如,有两种神经[①]。其中一种是在心脏中的统领的感觉官能的各辅助者的工具,它们使每一种感官发挥其特殊的感觉功能;另一种是服务于在心脏中的欲望官能的诸器官的工具,它们使这些器官能够被意愿所驱动。正是脑为感觉神经提供了保持其功能的手段,使诸辅助者能够感知保存于其中的[材料]。脑还以这样的方式服务于心脏,它为自愿运动[②]神经提供保持其功能的手段,使各器官能够作为自愿运动的工具发挥作用,而这种自愿运动又服务于心脏中的欲望官能。许多神经的根部——它们从中获得保持其功能的手段——就在脑中,还有一些神经的根部在脊髓之中,后者在脊柱里延伸,而脊柱的上端则与脑相连。脑与脊髓共同为这些源自脊髓的神经提供支持。

4. 又例如,想象官能只有在心脏的热能达到一定的数量时才能进行想象,理性官能也要在心脏热能达到适当数量时才能思考,保存和回忆事物的功能也是这样。同样是脑将心脏的热能合宜分配,使想象、思考、深思、保存和回忆的功能得以完善的发挥。脑的一部分调节热能使想象功能得以恰当实现,另一部分使思想功能、还有一部分使保存和回忆功能得以恰当实现。因为心脏是内在热能之源,在它之中的热能必须强大、充溢,才能流向其他器官而不致短缺或耗竭。这些器官本身不足以调节心脏所供给的热能,这些热能也不会自我调节以保证特定功能的完善发挥。为此,脑的本性被

---

① 沃本注:此处关于神经(a'ṣāb/nerves)的学说源于盖伦(Galen)的 *De placitis Hippocratis*(ed. C. J. Kühn, Lipsiae, 1821-33, VII 3, 页602)。

② 即被意愿所驱动的运动。

造成是冷的和湿的——相较于任何其他器官都呈现出这种触感——以使它获得一种精确、合宜的调节心脏之热能的灵魂功能。

5. 感觉神经和运动神经在本性上都是土性的，很快就会变干，但为了能够伸缩，它们必须保持湿润和柔软。此外，感觉神经还需要不包含任何烟气的内在的生气，这种内在的生气在穿过脑的各部分时处于这种状态，而心脏则极热、如火一样。因此，这些神经的根部——正是凭借根部，它们获得保持其功能的手段——不在心脏中，所以不会迅速变干，而能保持柔软，它们的功能和活动也不致废止。它们的根部在脑和脊髓中，因为二者都非常湿润，这种湿润性散布到神经中、使它们保持柔软，由此各种灵魂功能得以维持。对某些神经而言，散布到它们的湿润性需要是水性的、稀薄的、毫不粘稠，对另一些神经而言则需要一定的粘稠性。那些需要毫不粘稠的稀薄水性的神经的根部，在于脑中；那些需要粘稠的湿润性的神经的根部，在脊髓中；而那些需要少量湿润性的神经的根部，则被置于脊柱和尾骨的最底部。

6. 位次在脑之后的是肝，在肝之后的是脾，在脾之后的是各生殖器官。任何器官如果需要某种实施身体行为的官能，此行为作用于该器官之外的某物体以影响到其他器官，那么，以下两种情况必居其一：或者这个另外的器官与该器官相连，就像一些神经与脑相连，一些神经与脊髓相连；或者该器官有某种途径或通道能让那个物体进入。这种官能可以是辅助性的，也可以是统领性的，如嘴、肺、肾、肝、脾等。如果此官能需要实施某种作用于其他[器官]的灵魂功能，那么，在二者之间一定要有物质性的通道①，就像脑之于心的作用。

7. 肺以这样一种方式服务于心脏，它将外面的空气带给心脏，以维持心脏中的内在生气，并使二者②混合。内在生气中如果

① 此处译文据贝鲁特新月书局 1995 年出版阿拉伯文本，沃尔泽编辑本作"在二者之间不是一定要有物质性的通道"。

② 指外来空气与内在生气。

有烟产生,就以将有烟的部分排出的方式来缓解[这种情况],由此可以调节通过动脉去往各个器官的生气。肺与脑的功能差异在于:脑通过它的冷湿的性质消除内在生气中的烟,后者是过度干热的结果,由此内在生气变得温暖湿润,达到完全成熟的状态,从而能够支持感觉与欲望官能;而肺则是引进内在生气中原先所没有的未成熟的空气并将原先的空气排出。

8. 在诸器官中首先生成①的是心脏,其次是脑,其次是肝,其次是脾,其他器官居于它们之后。生殖器官在所有器官中是最后发挥功能的,它在身体中的统领作用很小,就像在睾丸的功能中体现出的:在有睾丸的雄性动物中,它们保存从心脏传出的雄性热能与雄性生气。

第12章

1. 使生殖得以实现的官能,部分是统领性的,部分是服务性的。统领性的部分在心脏中,服务性的在生殖器官中。使生殖得以实现的官能有两种:一种准备具有该功能的动物所由以生成的质料;另一种提供该动物所从属的物种的形式,并推动质料去获得这种形式。准备质料的官能是雌性官能,提供形式的官能是雄性官能。因为雌性正是通过准备质料的官能而成为雌性,而雄性也正是通过为质料提供具备此种能力②的物种形式的官能而成为雄性。③

2. 通过提供动物质料来服务于心脏的器官是子宫,而通过

① 此处"生成"原文为 takawwun,意为"形成"、"构成"。沃尔泽认为它对应于希腊文 gignesthai;同时,以下器官生成排序,源于亚里士多德《论动物部分》(666a 10,670a 23)、《论动物生成》(743b 30)。

② 指生殖能力。

③ 沃尔泽判断,本章关于动物生殖的内容主要基于亚里士多德《论动物生成》的阿拉伯文译本(*Generation of Animals: the Arabic Translation*, ed. J. Brugman and H. J. Drossaart Lulofs, Publication of the De Goeje Fund 23, Leiden, 1971)。

提供形式服务于心脏的器官——在人这里——是生成精液的器官。精液进入雌性的子宫，并在子宫中遇到准备接受人之形式的血液；精液为血液提供一种能力，血液借助此种能力运动变化，使各种人体器官、每一器官的形式以及整体的人之形式得以从血液中生成。因此，子宫中所准备的血液是人的质料，而精液是质料的推动者、使形式在质料中实现，精液之于子宫中准备的血液的关系正如凝乳酶之于奶的关系——就像凝乳酶是奶凝结的动因，但它既不属于凝乳也不属于质料，[①]精液既不属于子宫中的凝结物也不属于质料。[②] 胚胎从精液中生成，正如凝乳从凝乳酶中生成，它同样从子宫中的血液中生成，就像凝乳从鲜奶中生成，壶从铜中生成。[③]

3. 在人体中生成并储存精液的容器，是阴部皮肤之下的脉管，睾丸也起到部分辅助作用。这些脉管延伸至阴茎中的管道，由此精液可以从这些脉管流到阴茎中的管道，通过它而射入子宫，为其中的血液提供一种功能原理，借此能力，这血液得以转化为各种器官、每一器官的形式以及整个身体的形式。

4. 精液是雄性的工具。[④] 工具分为相连的与分离的两种。以医生的工具为例，他用来治疗疾病的工具有手、手术刀和药物。其中药物是一种分离的工具，医生仅在制作它并赋予它推动病人的身体趋向健康的功能时才与它有关联。当它具备了这种功能并被投入病人体内，它就[自行]推动身体趋向健康，哪怕施药的医生不在场甚或已经亡故。精液的地位类似于此。而手术刀则离开操作它的医生就不能发挥作用，手与医生的关联程度比手术刀更甚。

---

① 指用于制造凝乳的奶。

② 指子宫中所准备的血液。

③ 沃本注：凝乳比喻见《论动物生成》729a 11，与本章下文第4节中提到的工具比喻，都属于亚里士多德常用的一种将自然比喻为工匠的类比原型。

④ 见《论动物生成》789b 6。

但药物可以凭内在力量发挥作用,不需要和医生相连。类似于此,精液作为雄性生殖官能的工具,独立地发挥作用。精液的容器和睾丸都是与身体相连的生殖工具。在心脏中的统领官能的指令下生成精液的脉管,就像是医生的手,医生用它制作药物并赋予其推动病人的身体趋向健康的功能。因为心脏利用这些脉管的本性作为工具、赋予精液一种功能,借此功能精液推动子宫中所准备的血液、使后者朝向这种动物的形式运动。

5. 当血液从精液中获得借以朝向形式运动的功能时,首先生成的是心脏。其他器官要等心脏中的各种官能具备后才能生成。如果准备质料的官能和营养官能一同具备,雌性器官就生成;如果提供形式的官能具备,雄性器官就生成。因而,在那些[雌性]器官中雌性生殖官能得以具备,而在这些[雄性]器官中雄性生殖官能得以具备。然后其他的器官在雌性和雄性[动物]中生成。

6. 就人类而言,这两种官能——雌性的和雄性的——分别存在于两个不同的个体中。但对大部分植物而言,它们完全结合在同一个个体中,就像许多由种子长成的植物那样。因为这些植物在被给予质料的同时也被给予了一种借以朝向形式运动的功能。种子有接受形式的准备,还有借以朝向形式运动的功能。雌性官能给与种子接受形式的准备,而雄性官能给予它朝向形式运动的原理。有一些动物也以这种方式生殖。其中有一些具备完整的雌性官能和残缺的雄性官能,因而需要外力帮助,就像那些鸟下未受精的蛋,各种鱼排出卵,雄性跟随其后,在蛋或卵上播散液体,被播散上的就生成动物,未被播散上的就腐坏了。

7. 人类就不是这样,在人那里这两种官能分别存在于不同的个体,其中任何一个都有其独有的明显的器官。二者的其他器官则是共同的。同样,他们共有所有的灵魂官能,除了两点:就他们所共有的器官而言,男性的器官温度更高;就运动或驱动器官而言,男性的更有力。那些倾向于力量的灵魂偶性如愤怒和严厉,都是女性较弱而男性较强;而那些倾向于软弱的偶性如慈悲和同情,则是女性较强。但是,也有这种可能:有些男性具有类似于女性的偶性,而有些女性具有类似于男性的偶性。以上这些就是人类中男女的分别。

8. 就感觉、想象和理性官能而言,没有男女区别。[①] 外在事物在辅助性的感觉官能中引发感觉对象的观念[②],由五种感官把握的各种不同种类的感觉对象汇集到统领的感觉官能之中。在这种官能中获得的感觉对象又在想象官能中引发想象对象的观念,这些观念即使不再被感觉所直击也仍被保存在那里。它们在想象官能中被管理,有时被相互分离,有时被相互组合。组合的方式无限多样,其中有些是虚假的,有些是真实的。

第13章

1. 随后,各种理智对象的观念在理性官能中被表象。在理性官能中被表象的理智对象有两种:一种理智对象在本质上就是现实的理智和现实的理智对象,它们是分离于质料的事物;另一种理智对象在本质上不是现实的理智对象,就像石头、植物,以及更宽泛的,一切物体、在物体中的事物和质料本身,还有一切依存于质料的事物——这些都既不是现实的理智也不是现实的理智对象。人以自然的方式获得的人类理智,一开始只是一种存在于质料中的资质,它是准备接受理智对象的观念的。因此,它是潜能理智和质料理智,也是潜能性的理智对象。其他或在质料中或是质料本身或具有质料的事物,既不是现实理智也不是潜能理智。但它们

---

① 沃本注:此处似乎暗示了柏拉图《王制》(*Republic*)卷五中关于男女禀赋及分工尤其是女子亦可成为守卫者的论述。

② "观念"(rusūm)意义见上文注10(即本书页10注①)。

是潜能性的理智对象，有可能成为现实的理智对象，不过依其自身本质并不足以成为现实的理智对象。同样，人的理性官能和自然禀赋也不足以使自身成为现实理智。它要成为现实理智需要其他事物，后者将它从潜能转化为现实；只有当理智对象在它之中实现时，它才成为现实理智。①

2. 当潜能性的理智对象被现实理智所思维，它就成为现实的理智对象。它需要其他事物将其从潜能转化为现实。使潜能转化为现实的施动者是一个其本质是现实理智并分离于质料的实体。这个理智给予质料理智即潜能理智的东西就像是太阳给予视觉的光，他之于质料理智就像太阳之于视觉。因为视觉本身是一种潜能、一种存在于质料中的资质，它在看到[东西]之前只是潜能性的视觉，各种颜色在被看到之前只是潜能性的视觉对象。视觉官能依其本质并不足以成为现实的视觉，颜色依其本质也不足以成为现实的视觉对象。太阳给予视觉和颜色以照明的光，因此，视觉借从太阳获得的光而成为现实的视觉主体、现实地看到[东西]，颜色借这光而成为现实的视觉对象，在此之前它们只是潜能性的视觉对象。与此类似，这个现实的理智给予质料理智一种它在其中进行表象的东西。这种东西之于质料理智，就像光之于视觉。正如视觉借助光本身而看到作为看这一行为之原因的光，看到作为光之原因的太阳，看到作为潜能性的视觉对象的事物并由此使其成为现实的视觉对象，质料理智也是借助这种东西——这种东西之于它就像光之于视觉——来思维这种东西本身，并思维作为这种东西在质料理智中的表象的原因的那个现实理智；借助它，原

① 沃本注：法拉比在此处对理性官能的结构分析主要基于亚里士多德的《论灵魂》及阿芙罗蒂西亚的亚历山大的《灵魂论》（见上文注 58[即本书页 47 注②]，i，页 87，1.24-88，1.3），但同时吸取了新柏拉图主义的因素。这种逍遥派与新柏拉图主义的融合由波菲利（Porphyry）开启，在公元五、六世纪的希腊哲学各派中成为一种确立的传统。

本是潜能性的理智对象的事物成为现实的理智对象,质料理智本身也由原先的潜能理智变为现实理智。这个分离理智之于质料理智的作用就像太阳之于视觉的作用。[①] 因此这个理智被称为"能动理智",他在我们先前提到过的太一之下的十个分离事物中排位第十。而质料理智则被称为"受动理智"。当来自能动理智的事物——它之于理性官能就像光之于视觉——在理性官能中实现时,理智对象——源出于保存在想象官能中的感觉对象——就在理性官能中实现。

3. 这些是所有人共有的原初的理智对象,如整体大于部分,与同一事物等量的所有事物彼此等量。人所共有的原初的理智对象有三类:[1]制作技艺的原理;[2]据以理解人类行为之善恶的原理;[3]用来认识并非人类行为对象的存在者的原理,这些存在者的本原与等级,如诸天、第一因以及生成于这些本原的其他本原。

4. 当理智对象被人实现,这些东西就以一种自然的方式在他之中生成:熟虑、慎思、实践智慧、借推断作出发现的渴求、对一些原初的思维对象的欲望和渴求以及对某些被发现对象的渴求或厌恶。这种指向被理解对象的欲望一般来说就是意愿。如果它是出自感觉或想象,就用一般的名词"意愿"来指称;如果是出自慎思或一般的理性活动,则被称为"选择"。后者只存在于人类之中,而出自感觉或想象的欲望也存在于其他动物之中。

5. 原初的理智对象在人之中的实现,是人的原初完满,但这些理智对象仅仅是让他用来达到他的最终完满即幸福[的手段]。幸福就是人的灵魂在存在上达到这样一种完满状态:它的持存不再需

---

① 沃本注:这种将能动理智比喻为太阳的作法,是对柏拉图将善的相比作太阳(《王制》卷六,508B)和亚里士多德将能动理智比作光(《论灵魂》,430a 15)这两种经典比喻的结合。这种结合最初见于中期柏拉图主义者阿尔比努斯的著作(见注 22[即本书页 19 注①];页 165, ii.17-24);至于中期柏拉图主义与法拉比之间的传承脉络,仍是一个有待探索的问题。

要质料,因为它已经成为非形体的事物以及分离本质中的一员。它将永久持续地保持这一状态,只是在等级上低于能动理智。[①]

6. 这一目标只有通过某些自愿行为才能达到,其中一些是思想行为,另一些是身体行为。它不能通过偶然的行为实现,而只能通过源自明确坚定的资质与习性的明确坚定的行为来实现。因为有些自愿行为构成达到幸福的障碍。幸福是由于其自身而被追求的善,它从来并在任何时候都不是获取其他事物的手段,人不可能获取比它更高的事物。有助于达到幸福的自愿行为是完善的行为,这些行为所源出的资质和习性是德性,这些事物之为善不是由于它们自身,而是由于[有助于达到]幸福。那些阻碍幸福的行为是恶的、丑的,那些行为所源出的资质和习性是缺陷、恶劣与低贱。

7. 因此,营养官能就是被造就来服务于身体的,感觉和想象官能既服务于身体也服务于理性官能。这三种官能对身体的服务最终归于对理性官能的服务,因为理性首先被身体所支持。理性中有实践理性也有理论理性,实践理性是被造就来服务于理论理性的,理论理性不是为了服务于其他事物而是为了实现幸福[而被造就的]。所有这些官能都与欲望官能相连。欲望官能服务于感觉、想象和理性。服务性的认知官能只有借助欲望官能才能提供服务和发挥作用。因此,感觉、想象和慎思[自身]并不足以发挥作用,除非有一种指向感觉、想象、慎思或认知对象的渴求与它

① 沃本注:此处的"完满"(istikmāl)对应于希腊文的 entelecheia。原初与最终完满的划分见于亚里士多德《论灵魂》(II,1),法拉比对最终完满的超越性理解(详见于下文第 15 章 8-11 节)则体现出新柏拉图主义的影响印记。但沃尔泽同时指出,法拉比所理解的人类理智与能动理智的"对接"(ittiṣāl,见《城邦政制》[*K. al-Siyāsa al-madaniyya*, ed. Najjār, Bayrūt, 1964, p79, 1.9]),是一种纯粹的理性实现状态,不具有普罗提诺和波菲利的迷狂体验的神秘主义色彩(波菲利《普罗提诺生平》,*Vita Plotini*, in *Plotini Opera 1*, ed. Paul Henry and Hans-Rudolf Schwyzer, Bruxelles, 1951-73, p23, ii.12-18),而且达到这种状态的理智最终在等级上仍低于能动理智、并未与后者完全合一。

们相连,因为意愿是借欲望官能指向被理解对象的一种倾向。当幸福被理论理性所认知、被树立为一个目标并被欲望官能所渴求时,当慎思官能在想象和感觉的协助下发现达到这一目标所需要的行为,且这些行为被欲望官能的工具所实施时,人类的行为就完全是善的、美的。如果幸福没有被认知或虽被认知却未被树立为渴求的目标,而其他事物被设定为目标并被欲望官能所渴求、慎思官能在感觉和想象的协助下发现达到它所需要的行为,且这些行为被欲望官能的工具所实施,此时的人类行为就完全不是美好的。①

第14章

1. 想象官能处于感觉和理性之间。当所有附属的感觉官能现实地进行感觉并发挥其功能时,想象官能就被它们所激发,去[处理]诸感觉所给予的感觉对象并在自身中表象感觉对象。它还从事于服务理性官能和供给欲望官能。如果感觉、欲望、理性处于原初的完满状态而不再发挥功能,比如睡觉的时候,想象官能就能独自[作用],不再接受诸感觉所给予的不断更新的关于感觉对象的表象,并从对理性与欲望官能的服务中解脱出来,而转向自身之中保存的关于感觉对象的表象,作用于它们,使它们彼此复合或分离。②

2. 除了保存关于感觉对象的表象并使其彼此复合之外,想象

---

① 沃本注:6-7节中是对亚里士多德《尼各马可伦理学》主旨思想的概述,是对新柏拉图主义及诺斯替主义的非理性超越论(irrational transcendentalism)和斯多亚式的过度禁欲主义(excessive asceticism)的否定,同时体现出法拉比对逐渐兴起中的苏非主义(Sūfism,混合了前面提到的两种倾向)的警惕与反对态度。

② 沃本注:与本章以下关于想象、模拟及预言的论述相关的古典哲学文本,见柏拉图《王制》571d,《蒂迈欧》71d,《斐德罗》248d 7,和亚里士多德《论自然诸短篇》(453b 11-464b 18)。

官能还有第三种作用,即再现。它在灵魂的诸官能中是非常特殊的一种,它能模拟保存于其中的被感觉事物。有时它模拟由五感提供、保存于它之中的感觉对象,通过复合这些感觉对象模拟其影像。有时它模拟理智对象,有时它模拟营养官能或欲望官能。它也模拟身体偶然具有的气质:当身体偶然具有潮湿的气质,它就通过复合能够模拟潮湿的感觉对象——如水或在其中游泳——来模拟潮湿;当身体的气质是干燥的,它就用适合于模拟干燥的感觉对象来模拟身体的干燥。同样,当身体的气质在某些时候恰好是冷或热的时候,它也模拟身体的冷热。

3. 因为[想象]官能是身体中的一种资质和形式,故而身体有可能在其处于某种气质状态时在这一官能中产生这种气质。但是由于这一官能也是灵魂性的,因此它是按照自身的本性来接受身体所给予的气质,而不是按照身体的本性来接受气质。所以,当一个潮湿的身体在另一个身体中产生潮湿时,接受潮湿的身体像前者一样变得潮湿;而当想象官能在自身中接受潮湿或者潮湿临到这一官能时,它并没有变得潮湿,而是通过能够模拟潮湿的感觉对象而接受潮湿,就像当理性官能接受潮湿时,它只是通过思维潮湿来接受潮湿的本质,①而不是潮湿本身。同样,当想象官能在自身中接受施动者所给予的这种[气质]时,它是按照自身的本质和准备来接受的。

4. 想象官能按自己的本质接受——如其所予的接受——任何外来给予的事物,是以两种方式:或者如其所是并如其所予地接受,或者通过能模拟该事物的感觉对象来模拟它。如果它按自己的本质无法如其所是地接受事物,它就通过以下方式接受它:借助在自身中发现的能够模拟该事物的感觉对象来模拟该事物。由于它无法接受作为理智对象的理智对象,当理性官能给予它理智对

① 此处“本质”在原文中为 māhiyah,本义为“所是”。

象并使后者在它之中实现时,它不会如其在理性官能中一样地接受它们,而是用能够模拟它们的感觉对象来模拟它们。当身体将自身某时恰好具有的气质给予它时,它以如下方式接受这一气质:借助自身中恰好具有的能够模拟该气质的感觉对象来模拟它。如果给予它的是某种能被感觉的事物,有时它会如其所予地接受这一事物,有时则会采取能模拟这一感觉对象的其他感觉对象来模拟它的方式。

5. 如果它发现欲望官能正在准备和接近于[接受]某种性质或资质,如愤怒、欲求或其他某种情感,它就通过以下方式来模拟欲望官能:去复合某种行为,这种行为是欲望官能此时准备接受的那种习性会引发的。在这种情况下,辅助官能会激发服务器官去执行一些现实行为,这些行为本来是由这些器官在情感产生于欲望官能时执行的。所以,想象官能的这一作为,有时就像一个模仿者,有时又像一个提醒者。还不止于此,如果身体气质有欲望官能中的某种情感伴随其后,它还会借助这一情感导致的欲望官能的行为来模仿该气质,而且是在这一情感实际发生之前。欲望官能的服务官能寄寓其中的器官被激发起来执行这些现实行为。例如,当某种身体气质有欲望官能中的性欲紧随其后时,想象就通过交合行为来模拟这一气质,就是说,它激发起具有相关功能的器官、为交合行为做准备,这不是因为此刻有现实的欲求,而是因为想象官能通过该欲求行为来模拟该欲求。其他情感也是如此。比如,一个人在睡梦中起来打人或骑马,而实际上并没有外在行为发生。这种事情是想象官能模拟的,看起来就像是在现实中发生了一样。

6. 它也以这样一种方式模拟理性官能,即用能够模拟理智对象的事物来模拟在它之中实现的理智对象。它用最优越、最完满的感觉对象——如那些优美的可见事物——来模拟处于完满性顶端的理智对象,如第一因、分离于质料的事物和诸天;而用低劣的、有缺陷的感觉对象——如那些丑陋的可见事物——来模拟有缺陷的理智对象。由此，它以各种悦人眼目的感觉对象来模拟那些［完满的理智对象］。①

7. 能动理智是潜能性的理智对象成为现实的理智对象的原因，也是潜能理智成为现实理智的原因。变成现实理智的事物是理性官能。理性官能有两种：理论理性和实践理性。实践理性的功能是处理指向现在和将来的特殊事物，理论理性的功能是思维无法被实践处理的理智对象。由于想象官能与这两种理性官能相连，理性官能从能动理智所获得的事物——它之于理性就像光之于视觉——有时就会流溢②到想象官能之上。因此，能动理智也对想象官能有一定作用，有时给予它应在理论理性中实现的理智对象，有时给予它应在实践理性中实现的特殊感性事物。它通过以下方式接受理智对象，即用它所复合的感觉对象来模拟理智对象。当它接受应由实践理性通过慎思来处理的特殊事物时，有时采取如其所是地想象它们的方式，有时采取用其他感觉对象来模拟它们的方式。这些特殊事物中有的是当下的，有的在未来发生，但它们都可以不经由慎思而达到想象官能。因此这些事物能在慎思未曾留意的情况下于想象官能中实现。所以，真实的异象借能动理智在睡梦中给予想象官能的特殊事物而产生；而关于神圣事

---

① 据沃尔泽，想象以感觉对象模拟理智对象的论述见菲罗伯努斯（John Philoponus, *In Aristotelis De anima libros commentaria*, ed. Hayduck, Berolini, 1897，页 515, II.12-13）。

② 沃本注：法拉比在此用“流溢”（fayḍ）概念解释能动理智在预言过程中的作用，体现出新柏拉图主义的影响。但是，与普罗克洛斯的通神体验（theurgic experiences, 见 Marinus, *Vital Procli*, 22, in Procli philosophi platonici, ed. Victor Cousin, Parisiis, 1864）不同，法拉比并未给予预言以超越理性的地位，预言作为想象的最完满活动是低于并依赖于理性官能、同时对后者起辅助作用的。而法拉比之后的伊本·西那（'*ilm al-nafs*, ed. F. Rahaman, 1959，页 292）在预言论上则更接近于普罗克洛斯所代表的新柏拉图主义雅典学派的立场，认为先知预言包含有超越理性的知识内容。

物的预言则借[能动理智]给予的理智对象而产生,这些理智对象是以其模拟物的形式被[想象官能]接受的。①

8. 所有这些[异象和预言],可能发生在睡梦中,也可能发生在清醒时,但发生在清醒时的很少,且只局限于少数人。在睡梦中发生的大部分是关于特殊事物的,关于理智对象的很少。因为当一个人的想象官能十分强大完满时,且从外部临到它的感觉对象未曾凌驾于它之上、将它完全淹没,对理性官能的服务也没有将它完全占据,它在服役于这两个官能的同时就还会有很多余裕去从事它所独有的活动。它在清醒时服役于这两个官能,而在睡梦中则从此二者解脱出来。此时,想象官能就通过用可见的感觉对象模拟的方式来想象能动理智所给予它的大量事物。这些想象对象又转而在一般感觉官能中被表象;当关于它们的观念②在一般感觉中实现,视觉官能就被这些观念影响,它们又在视觉中被表象。从视觉官能中的观念,产生了它们在光亮的空气中的观念,这种空气通过视觉所流射出的光而与视觉相连。当这些观念在空气中实现,空气中的这些观念又转而在眼中的视觉官能中被表象,继而反射回到一般感觉和想象官能。因为这些过程都是彼此相连的,能动理智给予的东西由此对于这个人成为可见的。

9. 如果想象官能恰好用极度美丽、完满的感觉对象来模拟那些事物,看到这些的人将享受巨大的难以置信的愉悦,他看到了绝无可能在其他事物中发现的奇异事物。当一个人的想象官能达到极度完满的状态,他不是不可能在清醒时接受来自能动理智的关于当下和未来的特殊事物[的观念]或其感性模拟物,接受分离的理智对象的模拟物以及其他高贵的存在者,并看到它们。他通过

---

① 法拉比此处所阐述的预言论(想象官能以自己的特有方式接受和再现来自能动理智的理智对象),被犹太哲人迈蒙尼德(Maimonides, 1135-1204)继承和发挥,见后者的《迷途指津》(*Dalālat al-Ḥā'irīn*, II 36-38)。

② "观念"词义见上文注10(即本书页10注①)。

他所接受和看到的特殊事物而获得关于当下和未来事物的先知预言,通过他所接受的理智对象获得关于神圣事物的先知预言。这就是想象官能所能达到的最完满等级。

10. 低于这一等级的是有时在清醒时、有时在睡梦中看到这一切的人,和虽然在其灵魂中想象这一切却不能凭其视觉看到它们的人;更低等级的是只能在睡梦中看到这一切的人。他们用模拟的、象征的、谜语的、替代的和比喻的言词来表达这些[预言]。他们彼此差异很大。其中有人在清醒时接受并看到特殊事物但不接受理智对象;有人在清醒时接受并看到理智对象但不接受特殊事物;有人接受并看到其中一部分但不接受别的;有人在清醒时看不到这些东西但在睡梦中能接受一部分;有人在清醒时不接受这些东西而只在睡梦中接受,且在睡梦中接受的只是特殊事物而不是理智对象;有人接受理智对象而不接受特殊事物;有人从这一类和那一类中都接受某些事物;有人只接受特殊事物中的某些事物,这种人是大多数。人在这方面也有等级差别。所有这些都是对理性官能的辅助。

11. 人的气质有时会由于偶然事件的发生而变化,他可能变得能够接受来自能动理智的这些东西中的一部分,有时是在清醒时,有时是在睡梦中。其中有人能在这种状态下保持一段时间,有些人则很快失去。也有人会偶然经历以下状况,他[们]的气质损毁、想象力衰弱,他[们]所看到的由其想象官能复合而成的的事物,既不存在也不是存在物的模拟物。这些人就是胆汁质的[暴躁者]、疯子和诸如此类的人。

第五部

第15章

1. 为了生存和达到最优越的完满状态,每一个人生来都需要很多仅凭一己之力不可能获得的事物,由此他就需要群体,其中每一个人都为他提供某种他所需要的事物。[群体中的]每一个人与每一个[他]人都处于此种关系中。人不可能达到完满——他之受造本性就是为了这一完满——除非大量的人联合起来,相互合作满足各自所需,这样集众人之力为每一个人提供生存与达到完满之所需①。由此,人类个体繁衍众多,占据了大地上可居住的地

① 沃本注:关于建立人群共同体的需要,见柏拉图《王制》369B、C;法拉比以下所叙述的政治哲学主要依据的是侯奈尼·伊本·伊斯哈格(Ḥunayn ibn Isḥāq)所翻译的柏拉图《王制》和《法义》的阿拉伯文译本,而亚里士多德的《政治学》并未被译介到阿拉伯世界。法拉比所承受的这种将柏拉图的政治哲学与亚里士多德的逻辑学、物理学和伦理学配合起来构成一套哲学学科体系的传统,起于波菲利。

[译按]皮那斯(Shlomo Pines,"Aristotle's Politics in Arabic Philosophy", in *Studies in Arabic Versions of Greek Texts and in Medieval Science*, The Magnes Press, 1986,页150-160)考证《政治学》的部分篇章(卷一,可能还包括卷二)有阿拉伯文意译,法拉比很可能见过这个译本(至阿威罗伊时已不传)并将其中思想整合进自己的政治哲学体系(见《政治学》1252a b 及本章1-3节)。穆赫欣·S.马赫迪(Muhsin S. Mahdi, *Alfarabi and the Foundation of Islamic Political Philosophy*, The (转下页)

方，各种人类共同体在其中产生，有完满的共同体，也有不完满的共同体。

2. 有三种完满联合，大规模的、中等规模的和小规模的。大规模的是可居住之地上所有共同体的联合①，中等的是在可居住之地的一部分上的一个民族的联合，小规模的是在某个民族的居住地的一部分上的一座城邦的居民的联合。不完满的社会是一个村庄的居民的联合，一个市区的居民的联合，一条街道的居民的联合，甚或一户人家的联合，人家是最小的联合。市区和村庄都是为了城邦[而存在的]，只不过村庄服务于城邦，市区则是城邦的一部分。街道是市区的一部分，人家是街道的一部分。城邦是民族居住地的一部分，民族是可居住之地上居民的一部分。

3. 最优越的完善和最大限度的完满，首先只能在城邦达到，不能在比它有缺陷的共同体中达到。因为完善就其真实本性只能通过选择和意愿达到，恶也只能通过意愿和选择达到，一座城邦有可能为了[使其居民]合作达到某些恶的目的而被造就。因此，幸福不是在每一个城邦中都能达到。在一个城邦中，其居民通过联合、旨在合作以达到真正的幸福，这样的城邦就是卓越城邦，人们

(接上页注①)University Chicago Press, 2001, 页 52-56)根据法拉比《论哲学的兴起》(*On the rise of philosophy*)残篇，认为法拉比承接的是公元五、六世纪的亚历山大里亚学派传统(古代晚期和伊斯兰征服早期传至叙利亚、哈兰，后来又传到巴格达)，后者是新柏拉图主义、亚里士多德哲学和基督教神学的综合产物，但法拉比对这种哲学传统的现状并不满意，而是试图排除基督教神学的干扰，恢复古典哲学的原貌，马赫迪判断法拉比的复原工作甚至越过了新柏拉图主义而直达中期柏拉图学派。此外，列奥·施特劳斯(Leo Strauss,《如何着手研究中世纪哲学》，周围译，见《经典与解释的张力》，上海三联书店，2003 年，页 317-318)对中古伊斯兰—犹太知识界在政治哲学上倚重柏拉图的《王制》和《法义》而忽视亚里士多德《政治学》这一现象给出的解释是，伊斯兰教、犹太教所坚持的神通过先知为人间立法的律法中心传统和柏拉图的“哲学王”理论之间更具亲和性。

① 沃本注：这种最大规模的联合超出了古典哲学的探讨范围，是以罗马帝国、波斯萨珊帝国和法拉比本人所置身的阿拉伯帝国为蓝本的。

在其中合作以达到幸福的共同体就是卓越共同体。一个其所属城邦都合作以达到幸福的民族,就是卓越民族。由此,卓越之世只有在以下条件满足时才能出现,即可居住之地上的众民族都合作以达到幸福。

4. 卓越城邦就像一个健全的身体,①后者的所有器官都合作以使该动物的生命完善并保持此种状态。身体的诸器官在禀赋与能力上各不相同并存在着价值的差异,其中有一个统领的器官即心脏;有在等级上接近于统领器官的器官,它们中的每一个都被赋予某种自然能力,凭此能力发挥复合统领器官[所设定]的自然目的的功能;其他器官也具有一些自然能力,凭这些能力按照那些直接与统领器官相连的器官[所设定]的目的发挥功能。这些器官位于第二等级,其他器官根据第二等级的器官的目的发挥功能,这样延续直到终结于那些只服务、不统领的器官。城邦的情况也是如此。它的各部分有不同的禀赋,在资质上存在着价值的差异。其中有一个人是元首②;有一些其他人在等级上接近于元首,他们中的每一个都具有某种资质和习性,凭借这种资质与习性他们按照元首的意旨履行一种职能,这些是第一等级的掌权者;在他们之下的,是按照他们[所设定]的目的履行职能的人们,这些人处于第二等级;更在他们之下的,是按照第二等级的目的履行职能的人。城邦的各部分就按照这样一种方式分层,直到终结于那些只

---

① 沃本注:这种将城邦与动物身体相类比的作法,见于亚里士多德《论动物运动》(703a 29)。塞米斯提乌斯(Themistius)在对亚里士多德《形而上学》第12卷1075a 19的解释中明确地将这一类比从家政扩展至城邦、宇宙(*In Aristotelis Metaphyiscorum liberum Λ paraphrases*, ed. Samuel Landauer, Berolini, 1903, 页31, ii.10),很可能构成法拉比此处论述的来源。

② "元首"(al-ra'īs)与上文论及身体器官时所用的"统领者"在原文中是同一个词,与之对应的动词"统治"与"统领"也是同一个词(ra'as),其本义是"为首"、"带领"。在下文中,法拉比也称元首为"王"和"伊玛目",沃尔泽认为这是柏拉图哲学王理想的阿拉伯—伊斯兰版本。

按他人的目的履行职能而没有人按自己的目的履行职能的部分，这些人只服务而不被服务，处于最低的等级，是最底层的人。不同的是，身体的各器官都是自然的，其具有的诸资质也是自然的能力；而在城邦这方面，尽管各部分是自然的，他们借以履行城邦职能的资质和习性却不是自然的，而是自愿的。虽然城邦的各部分在禀赋上存在价值的差异，这种差异使有些人适合做某些事情而不适合另一些，但他们并不是仅仅凭其禀赋、更多地是凭其获得的自愿习性——如各种技艺和诸如此类——而成为城邦的一部分。身体诸器官中的自然能力，相当于城邦各部分中的自愿的习性和资质。

5. 身体的统领器官在其自身本性和特殊性质方面是最完满最完善的器官，它拥有它和其他器官共有的所有事物中最优越的东西。在它之下的，是那些统领更低级[器官]的其他器官。它们的统领低于并附属于第一器官的统领，它们既统领又被统领。同样，城邦的元首在其特殊性质方面是最完善的城邦部分，他拥有他与他人所共有的所有事物中最优越的东西。在他之下的，是那些被他统治又统治别人的人。

心脏首先生成，进而成为其他身体器官生成的原因，也成为它们的能力得以实现以及它们的等级安排的原因。当一个器官发生失序，心脏将为它提供消除失序的手段。同样，这个城邦的元首也应首先出现，进而成为城邦及其各部分实现的原因，成为各部分的有意愿的习性得以实现以及它们的等级安排的原因。当某个部分发生失序，统领将为它提供消除失序的手段。

接近统领器官的各器官按照统领器官的目的发挥在本性上最高贵的自然功能。在它们之下的器官发挥次级高贵的功能，直到终结于那些发挥最低级功能的器官。同样，那些在权威上接近于城邦元首的部分，承担最高贵的自愿职能。低于他们的部分承担次级高贵的职能，直到终结于那些承担最低级职能的部分。这些职能的低下有时是由于其基质的低下,但它们是极其有用的,如身体中膀胱和直肠的功能;有时是由于它们用处微小,有时则是由于它们十分易于执行。这适用于城邦,也适用于每一有序整体,这个整体的各部分按自然秩序组织良好,其中有一个按上述方式统摄其他部分的首领。

6. 这也适用于诸存在者。第一因与所有其他存在者的关系,就像是卓越城邦之王与其他城邦部分之间的关系。而脱离质料的事物在等级上接近于太一,在它们之下的是诸天体,在诸天体之下的是具有[下界]质料的事物。所有这些存在者都模仿、追随、跟从、仿效第一因。每一存在者都按自己的能力这样做,在等级秩序中确定目的。也就是说,最末位的事物追随比它稍高一点的事物的目的,同样,第二级的事物也追随在它之上的事物的目的,第三级追随在它之上的事物的目的,直到终结于那个与太一之间再无中介的事物。按照这种等级秩序,所有存在者一直追随太一的目的。那些从一开始就被给予其存在的全部本质的事物,从一开始就模仿太一及其目的,并获取优越地位、得享最高的等级。而那些并非从一开始就被给予其存在的全部本质的事物,则被给予朝向其所预期获得的[本质]运动的能力,以及追随太一的目的的能力。同样,卓越城邦也应以这样一种方式构成,即它的每一部分都按其等级、以其行为模仿其第一元首的目的。

7. 卓越城邦的元首不可能恰巧是某一人,统治要求两个条件:其一,他应在禀赋与自然本性方面适宜于统治;其二,他应具备统治[所需]的自愿的资质和习性,后二者是在自然禀赋方面适宜于统治的人可以获得的。并不是所有技艺都可用于统治,在城邦中大部分技艺都是用于服务的,正如大部分人的禀赋是适于服务的。有些技艺统治某些技艺而服务于另一些技艺,有些技艺只服务而不统治。因此,统治卓越城邦的技艺不可能恰巧是某一种技艺,不可能是一种恰巧的习性。一个种的首领不可能被属于该种的任何事物统治,就像各器官的统领者不可能被其他器官统治,这适用于任何整体的统领。所以,卓越城邦第一元首的技艺不可能是一种服务性的技艺,也不可能被其他技艺统治,而必须是这样一种技艺,所有其他技艺都朝向它的目的,卓越城邦的所有行为都指向它。

8. 这个人是一个其他人不可能统治他的人。他是一个已经达到完满的人,他已成为现实的理智和理智对象。他的想象力在本性上已达到极度的完满,正如我们先前提到的。他的这一官能在本性上适宜接受——无论在清醒时还是在睡梦中——来自能动理智的特殊事物,后者或是以其自身的样式或是通过模拟它们的事物而被接受;他的想象官能也适宜接受理智对象,后者通过模拟它们的事物而被接受。他的受动理智已经通过毫无遗漏地理解所有理智对象的方式而达到完满,它已成为现实理智和现实的理智对象。当一个人的受动理智通过[理解]所有理智对象而达到完满、成为现实的理智和现实的理智对象、并且通过它使理智对象与理智主体合而为一时,他就获得一种在等级上超越受动理智的现实理智,后者比受动理智更完善、与质料分离的程度更高。这种理智被称为获得理智,构成受动理智和能动理智之间的中介,在它和能动理智之间再无任何其他事物。由此,受动理智就像是获得理智的质料和基质,而获得理智就像是能动理智的质料和基质;作为资质和自然本性的理性官能则成为承载作为现实理智的受动理智的一种质料。

9. 人之为人的第一阶段就是接受性的自然资质的实现,这种资质准备成为现实理智;这是所有人共有的。在这一资质和能动理智之间还有两个阶段:受动理智实现为现实理智,然后实现为获得理智。因而在达到人类第一阶段的人和能动理智之间有两个阶段。当完满的受动理智和自然资质达到如同一物的状态时——就像质料与形式组合为一物——当一个人的人类形式变得如同达到现实状态的受动理智一样时,在他和能动理智之间就只有一个阶段了。当自然资质被造就为受动理智——后者已成为现实理智——的质料、受动理智被造就为获得理智的质料、获得理智被造就为能动理智的质料时,当所有这些都如同一物时,这个人就成为能动理智降临其上的人。

10. 如果一个人的理性官能的两部分——即理论理性和实践理性——都实现[上述完满]、然后其想象官能也实现[完满],这个人就会承受启示,全能至尊之神以能动理智为中介向他启示。因此,来自至高无上的神的流溢达到能动理智,又从能动理智以获得理智为中介流向他的受动理智,然后达到他的想象官能。由于从能动理智达到他的受动理智的流溢,他成为一位智者[①]和哲人;由于在他之中的神性的理智,他成为一位完全的思想者;由于从能动理智达到他的想象官能的流溢,他成为一位先知、未来之事的预警者以及当下存在的特殊事物的通报者。[②]

11. 此人达到了最完满的人性等级,实现了最高程度的幸福。他的灵魂与能动理智如同一体,[③]就像我们上面提到的。此人了

---

① "智者"原文为 ḥakīm,意为"有智慧的人";"智慧"的具体所指见下文注 113(即本书页 78 注①)。

② 值得注意的是,法拉比将先知预言的能力作为哲学王需要具备的资质之一。马赫迪在对此章文本的解释中认为哲人只有具备这种基于发达想象官能的能力才能教化和统治大众(见注 85[即本书页 60 注①],页 135-136)。

③ 沃本注:法拉比在此处所传达的信息是人类理智尽管最终能够与能动理智实现对接而达到不朽,但不可能与能动理智成为一体,据此推断法拉比《尼各马可伦理学评注》(*Commentary on the Nicomachean Ethics*,此书已佚,沃尔泽所依据的是伊本·鲁世德的转述,见 Steinschneider, *Al-Farabi*, St.Petersberg, 1869, 页 102)中将来世生命斥为"老妇闲谈"(grāon hythlos)的言论其实指向的是波菲利所代表的新柏拉图主义观点,即认为最终幸福在于人类理智与上界理智合一,并推测法拉比提出这一观点的语境很可能是对《尼各马可伦理学》卷十(比如 1177b 30)的评注。

[译按] 在这个问题上,皮那斯(S. Pines)的解释不同于沃尔泽,他根据伊本·巴哲(Ibn Bajja)和伊本·图斐利(Ibn Tufayl)对法拉比同一著作同一观点的转述,判断法拉比的实际立场是总体上否定人类理智不朽(*Maimonides and Philosohy*, Kluwer, 1986, 页 10,14; *Studies in Medieval Jewish History and Literature*, Harvard University Press, 1979, 页 82-83)。

解可能达到幸福的所有行为。这是成为元首的首要条件。此外,他还需要善于言词、擅长以诉诸想象的方式传达他的全部知识,需要擅长指引通往幸福的道路、指引借以达到幸福的各种行为。他还要拥有强健的体魄以从事战争事业。这就是绝不被他人统治的元首,他就是伊玛目[①]、卓越城邦的第一元首、卓越民族的元首、全部可居之地的元首。

12. 一个人要达到此种状态必须天生就具备十二种自然本性:[1]他的身体器官健全,这些器官的功能使他适于执行相应的行为,当他想要运用某个器官来进行某种行为时,他可以轻易地做到;[2]他必须在本性上善于理解和设想所有对他说的话,把握说话者的意图,并根据事情本身理解它;[3]他必须善于记忆他所理解、所闻见和所知道的所有东西,几乎不忘记任何东西;[4]他必须聪明睿智,只要看到关于某物的一点提示,就能如其提示的理解此物;[5]他必须善于表达,他的口才能把心中所想的一切完全清楚的呈现出来;[6]他必须热爱求知受教,并献身于此,他必须易于接受知识,在求知的过程中不感到困难,获得知识的艰辛对他而言不是一种折磨;[7]他必须在本性上热爱真实和诚实的人,憎恶虚假和说谎者;[8]他必须在本性上不贪恋饮食男女,厌恶赌博,憎恶这些事情带来的愉悦;[9]他必须保持精神的自尊,在本性上热爱荣誉,他的灵魂在本性上蔑弃一切丑陋低贱的事物而向慕最崇高的事物;[10]迪尔汗、第纳尔[②]以及其他世俗目标对他而言都无足轻重;[11]他必须在本性上热爱公正和公正之人,憎恶压迫与不公以及那些施行此二者的人,给予自己和他人其所应得的,督促人们施行公正,同情遭受压迫者,促进所有他视为善、美和公正

---

① 原文为"imām",意为伊斯兰教团的领袖。沃本注:法拉比将伊玛目等同于哲学王的论述亦见《获得幸福》(*Taḥṣīl al-Sa' āda*, Ḥaydarābād 本,页 42, 1.11, 43 ii.4-18)。

② 二者都是当时阿拉伯世界通行的货币。

的事情，在被要求做公正之事时绝不感到难以从命、从不刚愎固执，在被要求施行压迫或诸种丑恶之事时则感到难以从命；[12]他对于自己看来当行之事十分果断，勇敢无畏地去执行此事，绝不会意志薄弱。①

13. 所有这些[条件]集聚于一个人的身上是难得的。因此，具备此种禀赋的人[往往]在一个时代只有一个，他们[在人类中]是极少数。所以，在卓越城邦中如果有一个类似于此的人，他在成年后具备了上面提到的六个条件或者其中五个——不算借助想象官能的预警能力——他就可以成为元首。如果在某个时代恰好没有一个类似于此的人，而在此之前城邦有元首及其类似者的连续传承，那么，他们所确立的律法和常道将被采纳和坚持。

继承先辈元首的后辈元首在出生及幼年时就应集聚[上述]那些条件，在成年之后还要具备六个条件：[1]他应是一位智者；[2]他应通晓并牢记先辈治理城邦的律法与常道，使自己的所有行为与先辈[的行为]相一致；[3]在前辈的律法中没有先例的情况下他应善于从中演绎出新的律法，这种律法演绎应与先辈伊玛目[的律法]相一致；[4]他应善于慎思，能够通过律法演绎来应对先辈未曾为之立法的新情况，他的律法演绎应出于城邦利益考虑；[5]他应善于用言词引导[民众]遵循先辈律法和他在先辈之后演绎出的与先辈[律法]相一致的新律法；[6]他应当身体强健，能够从事战争事业，同时掌握服务的与统领的战争技艺。

14. 如果没有一个人集聚了所有这些条件，但有两个人，其中一个是智者、另一个具备其他条件，那他们两人就是这个城邦的元首。如果所有这些条件分别存在于不同的人身上，如智慧在某一个人身上，第二、三、四、五、六个条件也分别在一个人身上，而他们

---

① 沃本注：法拉比列出的元首十二条件基本出于柏拉图《王制》卷六(485B-498B)；后来的《精诚兄弟会书信集》(*Rasā'il Ikhwān al-Ṣafā'*, ed. al-Zirikli, Miṣr, 1928, iv, 页 182, 1.13-183, 1.18)将此十二条件原文照录、以作为立法者的资质。

能够相互协调,那他们就都是卓越的元首。如果恰巧在某个时间领导层中没有智慧却具备其他所有条件,那卓越城邦将持存但没有王,在位的元首并不是王;这个城邦将处于消亡的边缘,如果没有智者前来辅佐他,这个城邦过不了多久就会消亡。

15. 与卓越城邦相反的是蒙昧城邦、堕落城邦、变易城邦和迷途城邦。构成这些城邦民众的那些个人也与卓越城邦[中的个人]相反。

16. 蒙昧①之城是其居民不知道幸福也从未想到过幸福的城邦,即使为他们指明幸福,他们也会不理解或不相信。他们只认识一些表面上看起来是善的东西,如身体健康、财富、愉悦、随心所欲、得享尊荣,并把这些当作生活的目标。在蒙昧城邦的居民看来,所有这些都是幸福,而最大的幸福就是所有这些的总和。与之相反的就是不幸,如身体残疾、贫穷、无法享受感官愉悦、不能随心所欲和获得荣誉。

17. 蒙昧城邦可分为各种类型。其中有必需城邦,②其居民满足于追求维持身体所必需的饮食、男女、居室、衣着之类的生活资料,并合作以获得这些东西。有卑鄙城邦③,其居民合作以获得财富,他们并不是要通过财富实现其他福利,而只是以财富为生活的目标。有淫逸城邦④,其居民追求饮食男女带来的愉悦以及一般意义上的由感觉对象和想象对象带来的愉悦,嗜好各种各样的戏谑游戏。有荣誉城邦⑤,其居民合作以求在诸民族中成为被尊崇、赞美、记念和传颂的,在言语和行为上被尊崇,或在外邦人或在其

---

① "蒙昧"(jāhiliyya)一词在伊斯兰宗教语境中亦指阿拉伯人在伊斯兰教兴起之前的状态。

② 沃本注:其原型见柏拉图《王制》II, 369D。

③ 沃本注:见《王制》II, 372A; VIII, 550C。

④ 沃本注:在《城邦政制》(见注77[即本书页58注①];页103, ii.5-6)中法拉比将阿拉伯贝都因人和游牧的突厥人视为此种生活方式的代表。

⑤ 沃本注:见《王制》VII, 543A。

他城邦居民面前成为优胜者与荣耀者，每一个人都根据他对荣誉热爱的程度或他能力所及的程度去争取荣耀。有征服城邦，①力求战胜他人而不被他人战胜，他们［生活］的宗旨就是享受征服带来的乐趣。还有民主城邦，②其居民追求自由，［在这种自由中］每一个人都按其意愿行事、绝不禁制自己的欲望。

18. 蒙昧之王在数目上与蒙昧城邦相应，其中每一个管理一个他所统治的城邦，以实现他的欲望和意图。我们已经列举过那些可能被设定为［蒙昧城邦］目标的蒙昧意图。

19. 至于堕落城邦，是这样一种城邦：它在意见上与卓越城邦相同，知道幸福、全能至尊之神、次级［存在者］、③能动理智以及所有卓越城邦居民所知道和相信的东西，但它的居民在行为上却与蒙昧城邦的居民相同。

变易城邦是这样一种城邦：它曾经在意见和行为上都与卓越城邦相同，只是后来发生了变异，不同于先前的意见进入了该城邦，它的行为也转化成了不同于先前的样子。④

迷途城邦是这样一种城邦：它预期来世的幸福，但是在它对全能至尊之神、次级［存在者］、能动理智的信念中有邪恶、无益的意见，即使把这些意见当作这些事物的象征和想象替代物也是无益的。它的第一首领佯称自己得到启示——其实并没有什么启示给他——并通过各种蒙混、迷惑、欺骗的手段制造这个［假象］。⑤

---

① 沃本注：见《王制》I 和《高尔吉亚篇》中的集中讨论。

② 沃本注：见《王制》VIII，555B-562A。

③ 指诸分离存在者。

④ 沃本注：柏拉图对理想城邦如何退化为各种劣等城邦的叙述见《王制》VIII，此处“变易”（tabaddul）可能对应于希腊文“metabolē”，见《王制》VIII，553D。

⑤ 沃本注：法拉比在此处所驳斥的观点源于斯多亚主义与诺斯替主义的出世禁欲理论，在古代晚期也体现为某些激进的新柏拉图主义或新毕达哥拉斯主义派别，而其当代具体所指则是易司马仪内学派（Batiniyya/the esoteric Ismā‘īlīs）。

20. 这些城邦的王与卓越城邦的王相反，他们的统治也与卓越的统治相反。这些城邦中的其他人也是如此。

第16章

1. 卓越城邦在各个时代前后相继的所有王就像是同一个灵魂[①]，就像是在所有时代都由同一个王在延续[统治]。与此类似，如果同一时间恰巧在一个或多个城邦有一群这样的王，所有这些王就像是同一个王，他们的灵魂就像是同一个灵魂。同样，卓越城邦中的在各个时代前后相继的每一等级的居民，也像是同一个灵魂在所有时代延续；如果同一时间在一个或多个卓越城邦中有一群某一等级的居民，他们就像是同一个灵魂，无论这个等级是统治或服务等级。

2. 卓越城邦居民在行为和思想上既有共同的东西也有专属于每一等级的东西。其中每一个人都是通过这二者——即与[所有]他者共有的东西和他所从属的等级专有的东西——而进入幸福的境地。如果每一个人都这样做，他的这一行为将使他获得一种优良、卓越的灵魂资质。他越是持久地这样做，他的这一习性就越是强大、优越，其力量和卓越性不断增长，就像持久的正确书写将使一个人获得优美的书写技艺，他越是持久地练习，由此而生的技艺就越是强大、优越，其力量和优越性随着不断地练习而增长。[②] 由此灵魂资质而生的愉悦越来越强，他因为它而感受到的快乐也越来越多，他对它的爱也会增长。借以获得幸福的行为也是如此：一个人越是坚持不懈的进行这些行为，旨在获得幸福的灵魂就越是强大、优越和完满，直到灵魂达到脱离质料、不随质料而

① 据沃尔泽，众多灵魂之同一性的讨论见普罗提诺《九章集》IV 9。

② 与此类似的观点及举例见亚里士多德《尼各马可伦理学》，1105a 19-27。

消亡、不依质料而持存的完满境地。[①]

3. 当灵魂实现与质料的分离，不再具有形体时，形体之为形体所具有的那些偶性也将从它那里消失。所以不能用运动或静止来述说它，而应用那些适用于不具有形体的事物的言词来述说它。人类灵魂中用于描述形体之为形体的[概念]，对那些分离的灵魂而言都应被否定。对这种状态的理解和设想是困难的和非常规的。因此，所有依附于形体、为形体所具有的东西都将从它们那里消失。由于这些分离的灵魂曾经处于彼此不同的质料之中，所以很明显，灵魂的资质会或多或少适应于身体的资质，每一种灵魂资质都对应于它曾在其中的身体的资质。一个必然的结论是，灵魂的资质是彼此不同的，因为它们曾在其中的身体是彼此不同的；因为身体的差异是无限的，灵魂的差异也是无限的。

4. 当一代人死去，他们的身体不再存在，他们的灵魂解脱并获得幸福，其他人继承了他们的等级，占据他们的位置，履行他们的职能。当这一代人也死去，他们也将解脱并达到与先前那些人一样的幸福等级，他们各自与种类、数量、品质上相似的人联结在一起。由于他们没有形体，无论他们的总数达到多么大，他们都不会相互挤占空间，因为他们根本就不在空间中，彼此之间也不以形体的方式相遇和联结。彼此相似的分离灵魂越是增多——他们以理智对象之间联结的方式相互联结——他们中的每一个所感到的愉悦就越是增多。每当有新来者加入他们，新来者的愉悦会因为遇见先行者而增多，先行者的愉悦也会因为与新来者相联结而增多，这是由于每一个灵魂都在反复思维它自身及自身的相似者，[随着新来者的加入]思维对象的品质增加了。这种相继的增加

---

① 据沃尔泽，法拉比在本章中所表述的作为身体形式的灵魂随身体而朽灭但灵魂中的获得理智部分不朽的信念，基于阿芙罗蒂西亚的亚历山大的《灵魂论》（见注 63［即本书页 47 注①］；页 21，1.22；页 90，1.13）。

就像是书写技艺的能力随着不断进行书写练习而增长；灵魂的彼此相遇对其中每一个的增强作用，就像是抄写员不断的练习对增强书写能力与优美程度的作用。因为彼此相遇的灵魂是无限的，所以随着时间的流逝，每一个灵魂的力量与愉悦的增加也是无限的。死去的每一代人的情况都是如此。

5. 幸福在三个方面有等级差别：种类、数量、品质。这就像是我们这里的技艺之间存在等级差别。各种技艺在种类上的等级差别是指，技艺在种类上各不相同，其中一种优越于另一种，就像编织与制衣的技艺，制作香料的技艺与清洁的技艺，舞蹈的技艺与法学的技艺，哲学[①]与修辞学的技艺。在这方面，这些种类不同的技艺间存在着等级差别。而从事同一种技艺的人在数量上也有等级差别，就像是两个抄写员，其中一个对书写技艺的各个部分了解较多，另一个了解较少。比如说，这门技艺包含有某些关于语言、修辞、书法、算术的知识，某个抄写员掌握书法和某些修辞知识，另一个掌握语言和某些修辞及书法知识，又一个掌握所有四种知识。品质上的等级差别是指，两个人都掌握书写技艺的同样一些部分，而其中一个技艺更精熟，这就是品质上的等级差别。幸福在这些方面也存在着等级差别。

6. 其他城邦的居民的行为是败坏的，他们由此获得了败坏的灵魂资质。这就像是书写行为，不合宜的书写练习将使一个人的书写变得败坏、有缺陷，他越是增加这种练习，他的技艺就越是有缺陷。同样的，其他城邦的败坏行为使其居民的灵魂获得一种败

---

① 此处原文为 ḥikmah，本义为"智慧"，法拉比及其后的阿拉伯逍遥派用它来指哲学，见阿维森纳《哲学（智慧）之源》（'*uyūn al-ḥikmah*），ed. Badawī, 16；事实上，中世纪阿拉伯—伊斯兰世界的各种思想派别（如凯拉姆思辩神学、苏菲主义、照明学派、智慧学派等）均宣称自己的教义主张为"智慧"，Seyyed Hossein Nasr 在其主编的《伊斯兰哲学史》（*History of Islamic Philosophy*）中对此概念应用有简明的梳理（Routledge，1996，页 27-37）。

坏的、有缺陷的资质。一个人越是持续地进行这种行为,他的灵魂资质就越是有缺陷。由此,他们的灵魂变得病态,[甚至]可能在由这些行为获得的资质中感到愉悦,就像身体生病的人,如很多得热病的人,他们的感觉败坏,觉得那些其实不好吃的东西是美味,而把美味当成难吃的东西,或者尝不出美味。那些灵魂生病的人的情况与此类似,他们的想象官能被意愿与习性败坏,对败坏的资质与行为感到愉悦,对优越的资质与事物反感、甚或根本无法设想它们。就像一些身体生病的人不觉得自己有病,还幻想自己是健康的,这种幻想如此强烈以至于他们根本不听医生的话;一些灵魂生病的人也不觉得自己有病,甚或幻想他们的灵魂是优越、健全的,根本不听[试图]指导、教育、矫正他们的人的话。

7. 具体到这些城邦的居民,蒙昧城邦居民的灵魂保持在一种不完满状态,仅仅欲求那些维持生存所必需的质料,因为除了原初的理智对象之外没有任何真理在他们的灵魂中被表象。因此,一旦维持其生存的质料停止存在,各种依赖于此的灵魂官能也就停止存在。身体形式的持存依赖于已经停止存在的诸灵魂官能,后者的持存依赖于已经停止存在的[质料],而那些其支撑者仍存留的官能则保持存在。当这也停止存在并分解为其他事物,存留物将变成先前存留的质料被分解成的事物的形式,这一分解的过程将继续,直到分解成诸元素。最后存留的事物变成诸元素的形式。在此之后的过程是,事物分解而成的诸元素又随机组成各种事物。当元素各部分的混合恰巧生成一个人的时候,它就又轮转为人的资质。当这种混合恰巧生成其他种类的动物或非动物时,它就轮转为这种事物的形式。这就是那些消亡、化为乌有的人,他们的结局就像是牲畜、野兽和爬虫。

8. 至于堕落城邦的居民,他们从优越的意见中获得一种灵魂资质、使他们的灵魂得以从质料中解脱,同时又从败坏的行为中获得一种败坏的灵魂资质,它与第一种资质相连、搅扰它并与它冲突,由此灵魂陷入二者的冲突之中,遭受巨大的伤痛。二者相互冲突,彼此伤害,这两种巨大的伤痛都集聚于灵魂。因为获自蒙昧行为的资质确实是败坏的,它必然给灵魂的理性部分造成巨大的伤痛,尽管理性部分会由于被感觉带来的事物所占据而意识不到这种伤痛。但是,当它脱离感觉时,就会意识到由这种资质而来的伤痛,并从质料、感觉和一切从外部给予它的事物中解脱。这就像是一个忧伤的人,当他被感觉所带来的事物占据时,他不会被伤心之事所困扰,甚或意识不到它,但当他脱离感觉时,伤痛终将回归。又如一个遭受疼痛的病人,当他忙于事务时伤痛会减轻或者不被意识到,而当他脱离事务时,他将意识到伤痛,或者说,伤痛回归。理性部分也是如此,当它被感觉带来的事物所占据时,它意识不到由与它相连的败坏资质带来的伤痛;而一旦它完全脱离感觉,它将意识到这种伤痛,或者说,由那种资质带来的伤痛将显现,这种巨大的伤痛将永世持续。当它[①]与来自该城邦的同一等级的另一个居民相遇时,其中每一个的伤痛将随着同伴而增加。由于彼此相遇者是无限的,随着时间的流逝,他们的伤痛的增加也是无限的。这就是与幸福相反的悲惨境况[②]。

9. 至于迷途城邦的居民,那个使他们迷途、背离幸福的人——他这样做是出于某些蒙昧之人的目的、尽管他了解幸福——属于堕落城邦的居民,因此只有他自己——而非该城的居民——会陷入悲惨境况。而该城的居民则会像蒙昧之人一样消亡和分解。

10. 至于变易城邦的居民,那个指引他们背离正道的人属于堕落城邦的居民,只有他自己将陷于悲惨境况。而其他人则将如蒙昧之人一样消亡和分解。所有出于疏忽、错误而使人偏离正道

---

① 指堕落之城中某个居民的灵魂。

② 沃本注:这是法拉比对于先知(穆罕默德)关于地狱和永罚教诲的哲学化寓意解释。

者也是如此。

11. 至于那些被强迫从事蒙昧行为的卓越城邦居民，由于被强迫者从事该行为时心生反感，持续进行此种被迫行为不会使他获得一种与优越资质相反的灵魂资质，这种状况也不会搅扰他、使他成为堕落城邦的居民。因此，他反复从事的这种行为并不能损害他。一个德性优越之人，只有在处于一个与卓越城邦相反的城邦居民的统治之下或被迫居住在悖德之人的居所时才会如此①。

第17章

1. 全体卓越城邦居民所应共知的事物有：[1]首先是认识第一因和用以描述他的全部属性；[2]分离于质料的事物，用以描述它们中的每一个的个别化属性，它们的等级秩序——该等级秩序止于能动理智——以及它们中的每一个的行为；[3]天体和用以描述它们中的每一个的属性；[4]天体之下的自然物体，它们如何生成和消亡，根据[神的]明断、掌控、护佑、公正、智慧而运行的事物，在这些事物中没有任何疏忽、缺陷和不公；[5]人的生成，各种灵魂官能如何生成，能动理智如何将光流溢到它们之上，使原初的理智对象、意愿和选择得以实现；[6]元首，以及启示如何生成；[7]在没有元首的某个时间应当接替他的诸统领；[8]卓越城邦及其居民，他们的灵魂将达到的幸福，与卓越城邦相反的各种城邦，它们的[居民的]灵魂在死后的归宿——其中一些陷入悲惨境况、另一些化为乌有，卓越民族和与他们相反的民族。

2. 这些事物可以通过两种方式被认识：或者在它们的灵魂中

---

① 沃本注：此处所描述的居于非卓越城邦的哲人的境遇，在《城邦政制》（见注77[即本书页58注①]；页70，1.7）中被描述为一种“异乡人”（gharīb/foreigner）的处境，对应于希腊文的“xenos”，在古代晚期的新柏拉图主义及基督教语境中是一个常见的经典意象，最初源头在柏拉图《王制》496C。

如其存在地被表象，或者在它们中以关联和象征的方式被表象。在后一种情况下，模拟它们[①]的象征在它们[②]的灵魂中实现。该城的智者们是通过证明和自身洞见来认识这些事物的，那些接近于智者的人是通过智者的洞见来如其存在地认识这些事物的，他们追随、相信、依靠智者。而其他人是通过模拟这些事物的象征来认识它们的，因为他们在本性和习性上都不具有如其存在地理解它们的心智天赋。这二者都是知识，不过智者的知识无疑是更优越的。在通过模拟事物的象征认识它们的人中，有的人通过象征认识到接近于事物本身的东西，有些人稍远一些，有些人更远些，还有一些人通过象征认识到的东西[与事物本身]大相径庭。这些事物在每一个民族中都被模拟，每一个城邦的居民都以他们最了解的象征来模拟。而各民族最了解的事物各不相同，或者大部分不同，或者有一部分不同。所以，对每一个民族而言，用于模拟的事物都不同于其他民族。因此，各个卓越城邦和卓越民族可能有不同的宗教，尽管他们都向往同样的幸福和同样的目的。[③]

3. 如果这些共同的事物是通过证明被认知的，它们之中就不可能有通过论证进行反驳的根据，无论是以诡辩或误解的方式，在这些情况下被反驳的并不是事物本身而是对它们的虚假理解。但是，当它们通过模拟它们的象征而被认知的时候，在象征之中或多

---

① 指事物。

② 指卓越城邦居民。

③ 沃本注：此处所表达的“同一神学真理可以有不同的宗教象征表现形式”的观点，是古代晚期哲人们的共识，见塞克斯图斯《反数学》（Sextus, *Adversus Mathemathicos*, ed. J. Mau, lipsiae, 1954, ix, 61）以及塞尔苏斯（Celsus）对基督教宗教排他主义的批评（见 Origenes,《反塞尔苏斯》［*Contra Celsum*］, Paul Koetschau, Berlin, 1899, I 24, V 41）。

［译按］列奥·施特劳斯也注意到法拉比所表达的宗教多元论思想，见“法拉比的柏拉图”（Farabi's Plato），载于《路易斯·金兹堡七十寿诞纪念集》（*Louis Ginzberg Jubilee Volume: On the Occasion of His Seventieth Birthday*）, American Academy for Jewish Research, 1945, 页 381。

或少、或显或隐的都有可供反驳的根据。在通过模拟性的象征认识这些事物的人中,可能会有人从这些象征的根据出发进行反驳,认为它们[①]是虚假的。

4. 这些人有不同的种类。有一种是寻求正道者,当一个这样的人认为某些事物是虚假时,他将被提升到另一个更接近真理的象征那里,在后者中没有[先前]那种可反驳的东西,如果他满足于此,他将被留在那里。当他也认为这是虚假时,他将被提升到另一个等级,如果他满足于此,他就将被留在那里。每当他认为某个等级上的象征是虚假时,他都被提升到更高的等级。当他认为所有的象征都是虚假的并具备了理解真理的天赋时,他就将被晓以真理并被置于效法智者之人的等级。如果他仍不满足于此、还渴望获得智慧,并且具备了这种天赋,他将被晓以智慧。

5. 第二种人追求一些蒙昧的目标,如荣誉、财富、愉悦等,他们发现卓越城邦的律法妨碍这些东西,就试图反驳卓越城邦的意见,表明它们全都是虚假的,无论它们是真理的象征,还是作为真理本身被传授的东西。至于象征,他们通过两种方式来证伪:一种是通过象征中的可供反驳的根据,另一种是通过诡辩和作伪。至于真理本身,他们则只通过诡辩和作伪[来反驳]。所有这些都是为了排除妨碍其蒙昧目标并显示其丑恶的事物。这些人都不应被接纳为卓越城邦的一部分。

6. 第三种人认为所有象征都是虚假的,因为其中有可供反驳的根据。同时由于未能理解或误解了象征之中的真理根据,他们认为其中并无可供反驳的根据的象征也是虚假的。即使他们被提升到真理的层级以便理解真理,他们低劣的理解力也会使他们误入歧途,以并不如实的方式想象真理。他们以为自己所设想的东西就是有真知者主张的真理。如果这种设想又被他们认为是虚假

---

① 指象征。

的,他们就以为被证伪的是被主张为真理的东西、而非他们所理解的东西。他们由此认为根本就没有真理,那以为自己被引向真理的人是受骗的,那所谓指引真理的人乃是骗子,他说那些[关于真理的]话只是为了追求统治权或其他类似的东西。基于此,其中一部分人陷入困惑[①]。至于其中另一部分人,真理存在[这件事情]会在一闪念中向他们呈现,就像从远处闪现的一个东西或人在睡梦中想象到的东西;但由于一些原因他[们]仍对获知真理感到绝望,认为真理不会临到于他[们]。因此,他[们]旨在证伪和贬低被获知的东西,同时对认知真理或自以为获知真理的人心怀嫉妒。[②]

---

① "困惑"原文为"yataḥiyarū",与后世迈蒙尼德的著作《迷途指津》(*Dalālat al-Ḥā'irīn*)标题中的"迷途"(Ḥā'irīn)出于同一词根。关于此种由无法参透之象征而带来的困惑的具体解释,见《迷途指津》(傅育德,郭鹏,张志平 译,山东大学出版社,1998 年,"绪论",页 6,10)。

② 沃本注:本章 3-6 节中法拉比所批评的是固执于象征本身的凯拉姆学家们和无力透过象征达到其所指引之真理的怀疑论者。

[译按] 马赫迪认为,法拉比所针对的是激进的凯拉姆学家和拉齐(al-Rāzī)所代表的异端思想家(见注 85,页 224-225)。

第六部

第18章

1. 只有当[城邦的]宗教源出于一些邪恶的古代意见时,蒙昧和迷途城邦才生成。

2. 就像一群人说:我们发现,我们见证到的每一个存在者都有各种不同的存在,无法把握,以致我们不可能知道每一个存在者究竟具有何种存在,当我们想要在灵魂中确认某种存在时,事物已经转变成与我们先前确认的事物不同了。此外,我们还发现,我们见证到的所有事物都彼此冲突,每一事物都试图毁灭其他事物。我们看到,每一事物只要获得存在,就同时被赋予了自我保存、防止毁灭的手段,防卫敌对行为、戒备敌对者的手段,毁灭敌对者、将其变成与它同种的类似物的手段,强使其他事物服务于它、以利于它达到其最优越的和持久的存在的手段①。

3. 其中很多事物都被赋予了战胜所有妨碍它们的事物的手段,相互敌对者的关系以及一物与它物的关系都被置于这样一种格局,以至于在我们看来似乎其中每一个事物都是那个独一

① 沃本注:此种观点是对赫拉克利特(Heraclitus)关于流变与斗争思想的一种误释。

无二的最优越存在者,它被赋予了毁灭一切与它敌对、对它不利的事物的手段,以及役使那些有利于它达到其最优越存在的事物的手段。因此,我们看到,很多动物都攻击众多其他动物,在看起来并不能从中获利的情况下也试图摧毁它们,似乎它的自然本性就规定了在它之外的[动物]都不应存在于这个世界,或者其他[动物]生来就对它有害,它们只要存在就对它构成妨害。即使所有这些[动物]并无[伤害它的]意向,只要它能从中获益,它仍会试图奴役它们。这就是所有物种被置于其中的关系格局,在很多情况下,同一物种中每一个体间的关系也是如此。于是这些存在者就被放任去相互征服、相互争斗,其中最能战胜其他[存在者]的就是最完善的存在者。征服者总是或者毁灭一部分[其他存在者],因为其本性就规定这些事物的存在是有缺陷的且对它[1]的存在有害,或者役使和奴役一部分[其他存在者],因为它认为这些事物只为它的利益而存在。我们看到,事物无序地运行,存在者的等级秩序并未被维持,诸事物中的每一个与存在或非存在的遇合并不遵循合宜的标准。他们说,[以上]这些以及与此类似的就是诸存在者中所显现的、也是我们所见证和认识的[2]。

4. 在这之后,一群人又说:这种状况对于诸存在者而言是自然的,这是它们的禀赋。自然物体按其本性而行为,体现为能选择的动物应按其选择、意愿而行为,能慎思的动物应按其慎思而行为。因此,他们认为城邦就应当彼此征战,其中没有什么等级、秩序、为某个个体所专有的恰当荣誉或其他事物,每一个人都应为自己保有一切善[的东西],并试图夺取他者的所有善,而最能战胜一切反对者的人就是最幸福的人。[3]

---

① 指征服者。

② 沃本注:这种建基于动物本能的强者权利的观点,见于柏拉图《高尔吉亚篇》428D。

③ 沃本注:此种价值观见柏拉图在《法义》第一卷中对斯巴达的批评(625E)。

5. 从以上意见中生成了各个城邦中的许多蒙昧意见。一群人认为,无论就本性还是就意愿而言,相互之爱与联结纽带都不存在;每一个人理应憎恨、厌恶每一个他人;两个人只在必需的情况下才会联合起来,而且二者的联合是建立在一人命令、另一人服从的条件之下的。当有外在事物强制他们联合时,这种联合才会持续,只要需要和外在强制仍然存在。一旦这种情况解除,他们就又会相互厌恶并分离。这就是人类意见中的那种野兽一般的意见。①

6. 其他人认为,个体不可能获得他所需要的一切,除非他有协助者与合作者,这些人中的每一个都为他提供他所需要的某种东西。他们对联合的看法如下。

7. 一群人认为,联合应通过战胜来建立,需要协助者的人应通过战胜人们来奴役他们,再利用他们来战胜和奴役别人;他的协助者不是与他平等的而是被他战胜的。比如说,人们中体力和装备最强者战胜了一个人,后者成为他的附庸,在后者的协助下他又战胜了另一个人或一队人,又在他们的协助下战胜更多的他人,直到他集聚了一批按秩序组织起来的协助者。一旦他将他们集聚起来,他们就成为他用来实现其欲望的工具。

8. 其他人认为联结纽带、相互之爱与组织是存在的,但在这种纽带是什么的问题上有不同意见。一群人认为,由一个共同祖先所生就是这样一种纽带,借此纽带,联合、组织、相互之爱与相互协作得以生成;由此他们可以征服他人而不被他人征服。相互对立与相互厌恶是由于祖先的不同。所共享的祖先越是特殊、年代越近,联结纽带就越强;所共享的祖先越是被普遍公认,联结纽带就越弱,当这个祖先被大众所公认且距今十分遥远,纽带就彻底断绝了。他们又变得相互厌恶,除非有外来的必要

---

① 沃本注:对这种非社会的野蛮生存状态的讨论,见柏拉图《法义》卷三,680A。

性，比如有某种恶突然降临他们，只有联合众多共同体才能抵御它。

一群人认为这一纽带是通婚关系，就是说，一个群体的男子娶另一群体的女子为妻，另一群体的男子也娶前一群体的女子为妻，这样双方就结为姻亲。

一群人认为这一纽带在于共有一位第一元首，后者最初将众人联合起来并治理他们，使他们强盛、富裕，或者获得其他蒙昧之人眼中的善。

一群人认为这一纽带是信用、盟约和契约，在这种关系中每一个人都保证不敌视和背弃他者。他们联手一致去征服他者，并抵御他者的征服。

其他人认为，这一纽带是秉性、自然品性上的相似性和共同的语言，这些特征将各民族区别开来。这就是联结每一个民族的纽带，民族的成员彼此相爱而厌恶在他们之外者。各民族就是按这三个特征彼此区别的。

另一些人认为，这一纽带在于共享居所。其最特殊的形式是共享一座房屋，其次是共享一条街道，其次是共享一个市区。邻居之间当相互关照，因为邻居是共享一条街道、一个市区乃至一座城邦和城邦所在地区的人。

9. 还有一些因素可以构成联合一小群人、一队人甚至两个人的局部性纽带，如长时间共处，或一起吃饭和饮酒，或从事同一种技艺，或同时遭遇恶，尤其是在共同遭遇同一种恶的情况下，因为他们可以相互慰藉，或共有一种乐趣，或共同置身于一个所有人都彼此需要的不安全场合，比如一起旅行和航行。①

10. 他们说：如果各种人群按以下各种纽带之一而相互区

---

① 沃本注：关于此种人群联合纽带的论述，见亚里士多德《尼各马可伦理学》1160a 15，19。

分——部落与部落相区分、城邦与城邦相区分、同盟与同盟相区分、民族与民族相区分——人群之间的区分就像个体之间的区分一样，二者并无分别。因此，这些群体应当相互征服、彼此争斗，它们所竞争的目标是安全、荣誉、财富、愉悦和所有达到它们的手段。每一群体都应力图劫取属于他者的所有这些东西，将它们占为己有。这就是每一个[群体]对另一个[群体]的关系。以这种方式战胜了他者的战胜者，就是优胜者、被羡慕者和幸福者。这些事物都是出于本性的，无论就人类个体还是群体而言；这是符合自然存在者的本性的。出于本性的就是公正的，所以公正就是征服。公正就是战胜它所遇到者。被战胜者或者失去人身安全，被杀死和消灭，只有战胜者独存；或者失去荣誉，苟延残喘，或被战胜者群体所役使，做对战胜者最有利的事情、使他们能够长久保有征服所得的善。战胜者对被战胜者的奴役也是公正，被战胜者做对战胜者最有利的事情也同样是公正。所有这些都是自然的公正、都是德性，这些行为都是卓越的①行为。当战胜者群体获得善，在征服过程中贡献较大者应当被给予这些善中较大的份额，贡献较少者被给予较小的份额。如果征服所得的善是荣誉，贡献较大者应当被给予较大的荣誉；如果是钱财，贡献较大者应当被给予较多的钱财，其他的善也是如此。对他们而言，这也是自然公正。

11. 他们说：至于其他被称为公正的事情——如公平交易，归还寄存物，不强取，不侵害以及诸如此类——人们最初之所以这样做只是由于恐惧和软弱，或者是出于外来的必要性。这是因为两个个体或群体势均力敌，或者彼此之间互有胜负。长此以往，双方从这两种情况②中吃尽了苦头，最终都感到无法继续承受。于是他们联合起来，平分利益，每一方都将自己先前力争的东西中的一

---

① “卓越的”（fāḍilah）与上半句中的“德性”（faḍīlah）出自同一词根，见上文注9（即本书页9注③）。

② 指势均力敌的对峙和互有胜负的对抗。

部分让渡于对方,这样双方可以分享此物;并约定任一方绝不试图争取合作伙伴手中的东西,除非是以通过协商而达成一致的方式。由此,交易的定规、相互尊重、互助以及其他善行得以生成。但这只在每一个体面对每一个他者都感到自己力量薄弱且每一个人对每一个他者都怀有恐惧的情况下才能发生。只要这种个体间关系持续,合作关系就会维持。但当一方力量强过另一方时,他就会撕毁协议、试图战胜对方。也有可能双方都遭遇了一种外来的恶,并认识到必须合作才能抵御它,于是双方放弃争斗,在危机持续的时段内相互合作;或者双方都对某物感兴趣、都想争夺它,但意识到只有在对方的协助下或双方合作的情况下才能获得它,于是双方在共同利益持续的时段内放弃争斗,其后又开始相互对抗。而如果由于上述原因敌对各方势力均等,且这种形势延续了一个时期,一代新人在这种条件下长大,他们不知道这些条件最初是如何生成的,他们就会认为公正就是现在[他们]所发现的这个样子,而不知道后者其实是[出于]恐惧和软弱。他们就受骗以这样一种方式来使用"公正"一词。以这种方式使用这些["正义"条件]的人,或是害怕从他者那里受到损害——其实这正是他内心渴望施之于他者的——的弱者,或是受骗者。①

12. 至于虔敬,据说有一个治理世界的神,有管理和监视所有作为的诸精神性存在者,应当尊崇神和诸精神存在者,应当礼拜、赞颂、崇奉[他们]。如果有人做这些事情,放弃此世所渴望的许多善,并坚持这样做,他就将在死后得到补偿并被赏赐巨大的善。如果他不遵行这些[宗教诫命],而宁愿选择此世的善,他将被惩罚,在来世被施加巨大的恶。[在他们看来,]所有这些不过是一些人用来欺骗另一些人的阴谋诡计。它们是那种软弱无力、不能

---

① 沃本注:这种基于妥协与权衡的契约论观点见柏拉图《王制》卷二,359A,亚里士多德《尼各马可伦理学》V7。

用公开的强力手段去夺取那些善的人的阴谋圈套,是那种不具备凭身体和武器施暴的能力的人策划的诡计。他的慎思和狡猾让他能够战胜和控制他人,令他们放弃一部分或所有这些善,从而使那无力公开夺取它们的人获得它们。因为那遵行这些[宗教诫命]的人被认为是不贪恋它们[①]的,而他自身也被视为善[②]。于是人们信任他,不提防戒备他也不怀疑他,其实他隐藏了他的意图,他的生活方式被说成是神圣的。他的外表看起来就像是一个自己并不想要这些善的人。这种外表成为他被赞誉、被尊崇的理由,也使他获得占有其他善的资格。众人都服从他、爱他,没有人谴责他放纵欲望,相反,他的恶行还被所有人当成是善行。由此他成功地攫取了所有的荣誉、统治权、钱财、愉悦,还有自由。所有这些事情都只是为了获得这些善。就像狩猎野兽时有公开使用强力的,也有用陷阱圈套的,夺取这些善时有用强力的,也有用圈套和迂回偷袭的,就像有人欺世盗名,表面上追求一些东西其实内心想要其他的东西,让他人对他放松警惕也不与他争斗,从而使他能够轻易获得他想要的。当一个人遵行和坚持这些事情以达到他的目的——即公开获取那些善中的一种或全部——时,人们[③]就会把他看作令人羡慕的、优胜的、聪明的、智慧的、博学的、有见识的,仰慕、尊崇并赞颂他。但是,如果他这样做只是为了它[④]本身,并不是要借此获取这些善,他就会被人们看作上当受骗的、可怜的、极其愚蠢的、缺乏理智的、对自己的幸运懵然无知的、可鄙的、无价值的、当受谴责的。但是,有不少人会出于嘲弄的目的来假装称赞他;有些人支持他是为了避免他来竞争某种善,希望他放弃它而为这些人和别人留下更多份额;有些人称颂他的道路和主张,是因为害怕他会抢

① 指那些善。

② 善(kha'r)一词亦有"善人"、"有德之人"的意思。

③ 似乎是指蒙昧之城意见的代表者。

④ 指宗教诫命。

劫那些不遵从他的道路的人的所有物;还有一些人称赞他并认为他是值得羡慕的,是因为他们和他一样也是受骗的。[①]

13. 这些以及类似的观点就是蒙昧的意见,它们在很多人的心中生成,是由于他们对各种存在者的见证。当人们以征服的手段取得诸善,他们就要收藏、保持、扩充和增殖它们,因为如果不这样做,它们就会被耗尽。

14. 他们中有一群人认为,他们应当不断地力求征服他者,一旦征服了一群人,马上转向下一群。其他人想要从他们自己以及他者那里扩充这些善,并收藏和增殖它们。所谓从他们自己那里,就是通过自愿的交往,如买卖、相互借贷以及诸如此类;所谓从他者那里,就是通过征服。又有其他人认为,他们应当同时运用这两种手段从他者那里增殖它们。还有其他人认为,要达到这个目的,需要将他们自己分成两部分,一部分通过交往从他们自己那里增殖和扩充它们,另一部分通过征服他者获取它们。这样就有了各司其职的两群人,一群负责征服,另一群负责自愿交往。他们中的一群人认为,交往群体应由他们中的女性构成,而征服群体则由男性构成。如果有人太弱、无法进行征服,他就会被归入交往群体;如果他二者都不能胜任,就会被当作多余的人。而其他人认为,交易群体应由其他的人即被征服、被奴役的附庸构成,他们被给予生活必需品、得以保全性命,以履行收藏、扩充、增殖由征服得来的诸善的职责。

15. 其他人说:在诸存在者中,征服只发生于不同物种之间;对于同一物种内部的成员而言,物种本身就是一种联结纽带,由于它,各成员应当和平共处。对于人而言,人性就是这样一种纽带,

---

① 沃本注:此段可能是在影射阿巴斯王朝哈里发们(如穆泰瓦基勒)利用宗教达到政治目的,反映出法拉比本人的某种什叶派倾向。但事实上,这种神学与政治考虑交织的现象,在中古伊斯兰世界相互竞争的任何一个宗教—政治派别中都同样存在。

在人性的联结下，人们应当和平共处[1]。进而一同去征服那些可以利用的其他物种，放任那些不能利用的物种；在那些无用的物种中，有害的当被剥夺存在，无害的则被放任。

16. 他们说：在此前提下，从他人获得的诸善应以自愿交往的方式取得，从其他物种获得的诸善则应通过征服取得，因为其他物种不会说话[2]，无法与之进行自愿交往。

17. 他们又说：对人而言，这是自然的；人去征服他人的行为则是不自然的。但是，如果以下情况不可避免的发生，即某个民族或群体背离人的本性、试图征服其他群体以夺取他们所拥有的善，合乎自然本性的民族和群体就被迫动员自身之中的一部分人，专门来防御征服者的进犯并夺回为征服者所侵犯的固有权利。这样在每一个群体中就都有两种力量，一种是战争和防御的力量，另一种是相互交往的力量。但是，防御的力量不是一种自愿行使的力量，只有在外部威胁逼近时才会被迫行使。这群人与先前提到的那群人意见相反：一群人认为和平是出于外在的原因，另一群人认为战争是出于外在原因。

18. 蒙昧城邦中的和平城邦，从这种意见生成。其中有必需城邦，有卑鄙城邦，有淫逸城邦，有荣誉城邦，还有民主城邦。这些城邦——民主城邦除外——的居民都只关心一种目标，民主之人则关心众多目标，包括所有这些城邦的目标。和平城邦被迫进行的战争与防御，或由全体城邦居民共同承担，或由一个群体单独承担，这样城邦居民就由两个群体构成，其中一个群体具有进行战争和防御的能力，另一个群体没有此种能力。他们借此保持他们所

---

① 沃本注：这种以作为物种的人性为群体联结纽带的思想，盛行于希腊化时代的斯多亚派、逍遥派与新柏拉图主义学派，见塞内卡《伦理书信》（*Epistulae Morales*, ed. L. D. Reynolds, Oxonii, 1965, 95,31），波菲利《论节制》（*De Abstinentia*，载于 *Porphyrii Opuscula Selecta*, ed. Augustus Nauck, Lipsiae, 1886, 页 87,7; 页 89）。

② “说话”（naṭaq）一词也有“思维”的意义，“不会说话”亦可译为“没有理性”。

拥有的诸善。这个群体在蒙昧之人中是灵魂健全的,而前面提到的那些人则是灵魂悖逆的,因为他们认为征服就是善,征服是通过公开的[强力]和欺诈两种途径实现的,他们之中的有力者就使用公开的[强力],无力者则使用贪渎、欺骗、背信、诡计、伪善、造谣、诡辩等手段。

第19章

1. 其他人相信,有一种幸福和完满在人死之后及来世达到;有一些真正的德性和优越行为,死后幸福通过它们得以实现。他们通过观察发现,在自然存在者中被见证的东西是不容辩驳的;并且以为,承认所有这些——如他们所见证的——都是自然的,将不得不接受蒙昧之人的见解。因此,他们主张:在当下状态中被见证的自然存在者还有另外一种存在,这种存在不同于今日所见证的存在;其今日所具有的存在对它而言是不自然的,是与其自然存在相反的。一个人应当自愿地确定意向、致力于取消这种存在,以实现完满、自然的存在,因为这种存在是达到完满的障碍,一旦取消它,完满将实现。

2. 又有其他人认为,诸存在者今日所具有的存在就是一种实现的存在,但是其他事物与它们相连并混合,败坏它们、妨碍它们的功能发挥,使它们中的很大一部分呈现出并非其形式的样子。由此出发,他们以为,非人的是人,是人的不是人,人的行为不是他的行为,非人的行为是他的行为,以至于人在此时不做他应做的,却去做他不应做的。他们认为,很多事情是真实的,却如同虚假的,很多事情是虚假的,却如同真实的。

3. 根据以上两种意见,他们都认为,应取消这种被见证的存在以实现另一种存在;人是一种自然存在者,他现在具有的存在不是他的自然存在,他的自然存在是与他现在的存在不同的另一种存在;他现在具有的存在与这种存在相反且阻碍它实现,人今日具有的存在是被强迫的、非自然的。

4. 因此,一群人认为,灵魂与身体的联结对人而言是非自然的。人本身是灵魂,与身体的联结败坏灵魂并改变其行为。各种卑劣的东西只是因为灵魂与身体的联结而生成于灵魂之中;它的完满与优越就在于从身体解脱,它在幸福状态中并不需要身体,达到幸福也不需要身体和外在于身体的各种事物如钱财、邻居、朋友、同一城邦的居民。只有身体性存在才需要城邦中的联合和其他外在事物。所以,他们认为应当抛弃这种身体性存在①。

5. 其他人认为,身体对人而言是自然的,灵魂的各种偶性才是非自然的、是人之不幸。人借以获得幸福的完善德性就在于取消和抑制它们。一群人认为这适用于所有[灵魂]偶性,如愤怒、欲望及诸如此类,因为他们认为这些是[人们]偏好那些被误以为善的东西——如荣誉、财富、愉悦——的原因。对征服的偏好出于愤怒和暴躁易怒的官能,相互对立与相互厌恶也同样源于此。因此,他们认为应当取消所有这些[偶性]。另一群人认为这只适用于欲望和愤怒以及与此二者同类的[偶性],德性与完满就在于取消此二者。还有一些人认为,这也适用于别的偶性,如嫉妒、吝啬以及诸如此类。

6. 因此,有一群人认为,赋予[灵魂]自然存在的事物不是赋予其现有存在的事物,欲望、愤怒及其他灵魂偶性从其获得存在的原因与赋予[灵魂]理性部分的原因是相反的。他们中的一些人,如恩培多克勒,将两个动因的相反作用视为这种情况的原因。另一些人,就像表达他的显明意见时的巴门尼德和其他一些自然哲

① 沃本注:1-4 节所批评的是一种对柏拉图灵魂论思想的极端化观点,见波菲利《普罗提诺生平》(见注 77[即本书页 58 注①],i)。

人,则将质料之间的相反作用当作这种情况的原因。[①] 从上述意见中引申出一句为许多古人所传述的话:自愿的死以便自然的生。因为他们认为有两种死,自然的死与自愿的死,他们所说的"自愿的死"是指取消欲望、愤怒之类的灵魂偶性,而"自然的死"是指灵魂与身体的分离。他们所追求的"自然的生",是指完满与幸福。[②] 这种见解是基于那些认为在人之中的灵魂偶性是被迫[具有]的人们的观点。

7. 从上述的古人持有的邪恶意见中,生发出一些见解,这些见解成为许多迷途城邦的宗教的根源。[③]

8. 当其他一些人见证到我们先前所叙述的自然存在者的各种状态时——即[存在者]有不同的、相反的存在,有时存在有时不存在,等等——他们就认为,现在被感觉和被思维的诸存在者并不具有被限定的本质,它们中的任何一个都不具有一种本性、能够使它个别化,以至于它的本质就是只属于它自己的、不属于它者的本性;相反,它们中的任何一个的本质都是无限[多]的事物,就像人的例子[所显示的]。这个词的意义是本质未被限定的事物,本质及其意义是无限[多]的事物。我们现在所感觉到的事物的本质并不就是[我们]所感觉到的东西,我们所思维的事物也并不就是我们今天所断言所思维的东西,这个[事物]允许是与[我们]所思维、所感觉的事物不同的。现在存在的每一事物都是如此,因为它的本质并不只是现在指称它的词所表达的被思维的东西,而是

---

① 沃本注:此处所说的恩培多克勒的思想可能是他关于友爱与争斗两种原理的提法(见亚里士多德《形而上学》,985a2),而归于巴门尼德的观点则来源并不明确,可能来自《形而上学》984b4。

② 沃本注:此处所针对的是波菲利对柏拉图"沉思死亡"(meditatio mortis)思想的解释,见多德斯《希腊人与非理性者》(Eric Robertson Dodds, *The Greeks and Irrational*, Sather Classic Lectures, Berkeley, 1957, 页213)。

③ 沃本注:法拉比在此所指涉的不仅是极端的新柏拉图主义思想,还包括基督教和摩尼教的教义。

还包括我们尚未感觉和思维的其他事物——如果后者被置于现在存在的位置,我们也会感觉或思维它,只是[现在]实现为存在的是前者。

如果有人不说"每一个词所指称的本性并不仅是现在所思维的东西而是无限多的其他事物",而是说"本性是现在所思维的东西但也允许是我们迄今尚未思维的其他事物",这两种说法其实并无分别。因为如果允许的和可能的被设定为存在的,并不会导致不可能的结论。由此,所有在我们看来不允许或不可能是别样的事物,就都允许是别样的:三乘以三等于九并不是必然的,[①]这不是它的本质,从中可能生成别的数字,或恰巧生成别的并非数字的某个存在者,或生成别的我们尚未感觉和思维的事物。可能有无限[多]的感觉对象和理智对象迄今尚未被感觉和思维,或尚未存在因而未被感觉和思维。

因此,对所有必然从某物生成的事物而言,它的必然生成并不只是因为这个事物的本质生成了它,而是因为恰巧如此,或者一个外在于这个事物的动因在它[②]那里生成了另一个事物,这个生成或与它的生成同时或与它的某个状态同时。所有现在的存在者之为存在的实现,或者是由于巧合,或者是因为外在动因使它存在。"人"这个词的意义可能从现在所理解的意义转换成并非今日所思维的另一事物。

但是,那个动因在它有能力赋予的[意义]中选择了这一个理智对象,我们也就只能感觉和理解这一个。与这种意见同类的另一观点是,所有我们今日所思维的事物的相反者或对立面都可能成为真的,它只是恰巧对我们成为现实,或者我们被置于一种幻想

---

① 沃本注:这种对理性公理的质疑与后来安萨里(al-Ghazālī)《摆脱谬误》(*al-Munqidh min al-ḍalāl*, ed. and trans. Farid Jabre, Collection Unesco d' oeuvres représentatives, Beyrouth, 1959,页 12)中所叙及的自身思想经历具有类似性。

② 此处以及后半句中的"它"都是指"这个事物"。

之中,即真理和真实的就是我们现在所见的东西;而“人”这个词的意义可能是不同于今日意义的另一种事物或无限[多]的其他事物,其中每一个都是被理解的[事物]自身的本性。如果这种本性与今日所思维的事物是在数目上同一的事物,那“人”这个词除今日所思维的事物外就再没有别的意义了;如果它与今日所思维的事物不是数目上同一的而是有多种不同的定义,那“人”这个词就是同名异义地适用于它们。如果它们同时共现,那就像“眼”①这个词在今日的用法,也可以同时意指在数目上无限的事物。如果它们是相继出现的,它们就是相反的或者在一般意义上相互反对的;如果它们是相互反对的,无论有限或无限,[其中]任一事物对我们而言在场,其他事物或其对立面就不可能在场,而如果它的对立面、相反者或一般意义上的反对者也可能是真实的,那就或者是以交替的方式在场,或者是同时在场。

由此必然推出,根本没有陈述是真的,或者所有陈述都是真的,没有不可能这种情况。因为,设想某物有某一本性,它允许成为不同于这个词今日被理解之意义②的事物;关于后者,我们不知道它是什么,但它可能成为存在的,因而被感觉和思维、成为被理解的,然而,今日它对我们而言不是理智对象。这个我们现在不知道是什么的事物,也有可能成为它的相反者或一般意义上的反对者。因此,在我们看来是不可能的事物,有可能不是不可能的。③

---

① “眼”('a‘n)这个词同时也有“泉”、“水源”、“自身”等意思。

② 指本性。

③ 沃本注:法拉比在此所复述观点的原型是古代的怀疑论,关于后者的哲学探讨见柏拉图的《泰阿泰德篇》和亚里士多德的《形而上学》卷三、《辩谬篇》;其当代所指是利用怀疑论来建立神秘信仰的知识合法性的各种宗派,如易司马仪派。沃尔泽还指出,这种怀疑论思想必将导致对因果联系的否定,后者构成后世凯拉姆(以安萨里为代表)与阿拉伯逍遥派(以伊本·鲁世德为代表)哲学论战的一个主题,见伊本·鲁世德《矛盾之矛盾》(*Tahāfut al-Tahāfut*, Simon Van Den Bergh 英译本, EJW Gibb Memorial Trust, 1954, I, 页 316-32; II 页 176-85)。 (转下页)

9. 这种意见以及与其类似的见解,将取消智慧,它使不可能的事物在灵魂中被表象为真的,由于它认为所有事物的本质中都可能有相互反对的存在,在其本质与偶性中可能有无限[多]的存在,因此根本没有任何事物是不可能的。

(接上页注③)[译按] 事实上,两派之间的论争在安萨里之前已经开始,据迈蒙尼德(见页63注①、页84注①,《迷途指津》I 74,第七种论证),法拉比曾写作专著《论变化的存在者》(*The Changing Beings*)系统驳斥凯拉姆的前提与论证;而否定自然本性和因果联系以彰显神之全能—意志正是凯拉姆的核心理论(见 S.Pines, *Studies in Islamic Atomism*, The Magnes Press, The Hebrew University, Jerusalem, 1997,页2,29-32;M. Fakhry, *Islamic Occasionalism*, George Allen & Unwin Ltd, London, 1958, 页44-48; H. A. Wolfson, *the Philosophy of the Kalām*, Harvard University Press, Cambridge, 1976, 页518-544)。因此,沃尔泽将法拉比此处所复述的理论追溯至古代怀疑论的作法略嫌迂远,而将其锁定在易司马仪派又失之偏狭,其实法拉比更直接的对话者应该是同时代的凯拉姆学家们。

论复活

迈蒙尼德(Moses Maimonides)

奉主 永生神①的名

我口中的言语,都是公义,并无弯曲乖僻。

有聪明的以为明显,得知识的以为正直。——箴 8:8-9

通达人隐藏知识。愚昧人的心,彰显愚昧。——箴 12:23

一

1. 这种情况并不罕见:一个人想要用平易简单的语言阐明一条根本原则,力求消除一切疑难、费解之处,无知之人却恰恰把作者想要说明的意思理解颠倒。这种情况曾发生在对全能之神话语的理解上,正如当先知之师[摩西]想要告诉我们全能之神是独一无二的从而清除我们心中像二元论(the belief of the dualists)之类的错误观点时,他明白地宣示以下根本原则:"以色列阿,你要

① 出自创 21:33,亦可译作"世界之神",此题辞亦见于《密释纳评注》(The Commentary on Mishnah)和《迷途指津》(The Guide of the Perplexed)两书开篇。

听。主 我们神是独一的主。”(申 6:4)那些基督徒引用这句经文作为三位一体(God is three and the three are one)的证据,他们宣称:经上说“主”、说“我们神”、又说“[独一的]主”,是三个名字,被说成是“一”,这证明神是三位一体。上天不容[此种谬误]!

2. 如果这种错误解释都能施之于主(赞颂归于他)的话语,对人之话语的误解就更加严重了,就像一些人对我们关于一条律法根本原则的表述的解释。我们想要阐明一条人们曾忽视的重要原则,结果人们又质疑起另一条已被清楚解释、毫无疑义的根本原则来。当我们立志撰写一部详释律法(the Torah)及其诫命(precepts)的著作[①]时,我们是为了履行主(赞颂归于他)[②]的意志,而不是为了获得人间的奖赏或荣誉;我们旨在澄清和解释前辈律法贤哲的言词,使它们能够被学力有限的人们理解。这就是我们的目的。我们以切近、平易的方式解释迂远而深奥的问题,我们汇集分散在各处的相关内容。无论结果如何,我们都可释怀:如果像我们所预期的,我们以一种前所未有的方式简化、阐明、汇集了律法内容,那我们的工作就是有益于人的,并将获得来自主(赞颂归于他)的奖赏;而如果并不像我们预期的,我们的言词没有起到澄清、简化前辈著述的作用,我们仍将从主那里获得报偿,因为我们的意图是高尚的,独一真神(赞颂归于他)根据人的意图评判他们。[③]

3. 正是这种意图促使我以上面提到的汇集、阐释的方式去写作。当我们决心承担这一任务时,我们发现不宜按原先的设想行事,即详释信仰的分枝而忽略根本原则,不去解释和论证这些原则的真实性。我们应反其道而行之。我们曾遇见一个自幼浸淫于律法学术(the way of Halachah)、通习法学辩论(legal disputation),被

---

① 指《第二律法书》(Mishneh Torah)。

② 括号中颂词是原文本有的。

③ Sanhedrin 106b.

视为以色列的智者的人——永生神见证——他居然还对神究竟是如圣经描述的那样有眼、手、脚、腹等形体器官还是无形体这个问题心存疑虑。

4. 我还遇到过另外一些来自各地的人,他们言之凿凿地宣称神是有形体的,并宣称否定这一论断者是不信者(kopher),将他诋毁为信仰邪僻者(min)和伊壁鸠鲁主义者(epikoros),他们援引很多经典言词的字面意思作为凭据。还有一些我未曾见过的人,我听说他们也持类似见解。我意识到这些人都走入了歧途。他们自命为以色列的长者与智者,实际上却是所有人中最无知者,迷误悖逆甚于动物。他们的头脑中充满了妇孺之辈的无聊谈资和无谓观念。因此,我们发现,必须在我们的律法学著作中以一种直叙的方式阐明律法的根本原则,而不采取证明的方式。因为对这些根本原则作出证明需要精通多门科学,而律法学者们并不通晓这些科学,正如我们在《迷途指津》中所解释的。我们选择了这种方式,使最基本的真理能被大众接受。①

二

5. 在《密释纳评注》导言中我们提到了一个人应当相信的关于先知预言和传述的根本原则以及所有[教习]口传律法的拉比必须相信的内容。在《法庭篇》第十章(Chelek)中,我们也阐释了关于起初与最终归宿的信条,即关于神的独一性、来世及其他律法基石的信条。我们在我们的长篇著作中也是这样做的。这部著作就是《第二律法书》,它的优点只有我们教中那些虔敬而明智的人们才能理解,他们拥有完善的理智禀赋,能够明了书中的言词、我

① 拉比诺维奇(Rabbinowitz)援引巴内特(Baneth)提供另一版本的此句异文:"保证至少这些真理能被所有人接受。"H. G. Fradkin 英译本作:"我们选择(这种方式)使最基本的真理被所有人接受"。

所汇集的各种材料以及我是如何编排它们的。在这部书中，我们举出了成文与口传律法的全部根本原则。我们做所有这些事情的目的，是让律法学者或贤哲、高恩[①]之流把律法分枝建基于律法根基之上，这样他们的律法学术才能井然有序、获得系统的组织。所有这些都应植根于律法原则。他们不应忽视关于神之独一性的知识、将其抛在脑后，而应热切投身于获取[理智的]完善、接近他们的创造者。他们不应追求大众眼中的完善。

6. 在这些根本原则中，我们特为唤起注意的是关于来世的原则。我们谈及来世(the world to come)的存在，并用了相当长的篇幅来论述它。我们引证了圣经之言和贤哲(愿神赐福于他们)之言，并阐释了应对明智之人阐释的内容。在《法庭篇》第十章中我们解释了为何如此强调阐明来世而不是死者复活的原因。在那里，我们说我们发现人们仅仅致力于探讨死者复活，提出"死者复活时是赤裸的还是穿着衣服的?"以及诸如此类的问题。

7. 但是，却很少有人论及关于来世的问题。而且，我们在那里解释了死者复活是摩西(我们的导师，愿神赐福于他)律法的基石之一，但不是其终极目标。事实上，终极目标是来世，我们在那里所说的一切都是为了澄清被人们反复考虑的重大疑惑，即律法书中所说的赏罚无不是关于此世的，却没有明确提及关于来世的赏罚。我们根据律法之言及贤哲们的相关解释，说明律法关于奖赏的旨意是指向来世生命这一终极目标的，而关于惩罚的旨意则指向从来世剪除这一最终下场。这些内容我们在长篇著作[②]的《论忏悔》(Hilchoth Teshuvah)这一部分也详释过。

8. 然而，在《论法庭》第十章中——凡认真钻研者都会发现——在我们用较长篇幅论释来世之后，我们也断言死者复活是

---

① 原文为 Gaon，意即学问极高之人，通常指拉比学院的院长。

② 指《第二律法书》。

律法之基石,否认它是摩西(我们的导师,愿神赐福于他)律法之一部分的人于来世无份,尽管它不是终极目标。同样,在我们的长篇著作中,我们列举了于来世无份者的类别,指出共有二十四类,以防抄写者遗漏、使其中某类人漏网。在这二十四类人中,我们列入了否定死者复活的人这一类。而且,在那里,当我们提到来世时,也说明这是终极目标,并作如下陈述:“这是至高无上的奖赏、无可超越的善福”。[①]

9. 我们还解释过,在来世没有形体的存在,就像贤哲们(愿神赐福于他们)说的:“在来世没有饮食男女之事。”[②]设想人有器官却无功用是错误的,上天不容[此种谬误]!神不造无用之物。如果人有口腹内脏性器官却不饮食生育,那他的[肉身]存在将是无用的。一个人不应以在居丧之家对妇女说话的简易方式谈论这些能够被逻辑证明的基本问题。

10. 有一些对我们的观点持异议的人说,摩西和以利亚都在有肉身的情况下不吃不喝生存过一段时间,因此人在来世也是这样。“你们一切过路的人哪,这事你们不介意吗?你们要观看”(耶哀1:12)摩西和以利亚(愿神赐福于他们)的身体器官并不是无用的。因为他们都在此世的人们之中,而且在奇迹实行在他们身上之前和之后都从事饮食。因此,怎么能拿这种临时状况与来世无尽持续的状态相比呢?正如我们的贤哲(愿神赐福于他们)所说的:“那是一个至善至久的世界”。[③] 在那里身体怎么会有无用的器官呢?众所周知,身体作为一个整体,乃是灵魂借以实施各种活动的器具。而这些活动在来世之人那里都不会存在。那些持异议者没有意识到将创造无用器官这种举动归之于神是多么大的一桩罪过。

---

① 《论忏悔》8:3。

② Berachot 17a.

③ Kiddushin 39b.

11. 其实,这些观点都来自于大众所抱持的一种错误信念,即除有形存在外并无坚实的存在;他们也承认无形的存在,但认为后者只能存在于形体之中,也就是说,作为偶性存在,它们的存在并不像有形存在那么坚实。这些愚人声称,那些不是形体之一部分或形体之偶性的东西根本就不存在。尽管这些人可能已经上了年纪,但其智能无疑就像"那刚断奶离怀的"(赛 28:9)一般。因此,他们中的大多数人相信神是有形体的,对他们而言,神若是无形体的就是不存在的。对于那些被称为智者并或多或少有智慧的人而言,分离于质料的事物拥有一种比有形事物更坚实的存在,其实说"更坚实"是不确切的[因为二者的存在是根本无可比拟的]。分离性的存在是真正意义上的存在,因为它不受制于任何变化。对智者而言,这一点是确凿无疑的:神既无形体也不是形体中的力,因而他的存在是一切[存在者]中最坚实的。

12. 同样的,一切分离的受造物,即天使与人的理智,其存在都非常坚实,比任何形体都更为持久。因此,我们相信天使是无形体的,来世之人拥有分离的灵魂即理智。在我们那篇题为《迷途指津》的著作中,我们已经提供了律法书中的相关证据。但是,如果大众中的某人拒绝相信此点而宁愿相信天使有形体、而且他们也吃东西因为经上说"他们就吃了"(创 18:8),相信人在来世也有身体,我们不会觉得被他的这种信念所冒犯,不会认为他是一个不信者,也不会与他保持距离。但愿不要有这么多自表愚昧的人;如果他把自身的愚昧限制在这个水平上,我们将为他还没有愚蠢到相信神是有形体的而感到欣幸。如果他只是相信分离造物是有形体的,那还没有什么害处。

13. 如果这些愚人中的某人没有停下来考虑此中尚有疑问、不宜遽然判断何种意见当被接受,而是坚持为这种流俗意见强辩、指责我们的观点是错误的并疏远我们,因为我们相信天使与来世之人是无形体的因而[在他们看来]是空虚的,他并不因此而被视为罪人。我们已经原谅他,而且我们已经就此“错误”向他作过解释。他们能找到不少[贤哲]训释(homilectical expositions)的字面意思来反驳我们的立场。这也不令人惊讶,因为圣经上有很多先知言词——如果做字面解释——把形质、眼睛、耳朵之类归于神。但是,当这类事情的不可能性已经被理智证据和迹象证明,我们将会知道,真实情况就如贤哲们(愿神赐福于他们)所说:“律法书用人的语言说话”,[①]除非这些证明无法被有形论者理解或掌握。

14. 而且,既然他们连证实天使和来世之人是无形体的以及关于形体性的经典引文只是隐喻的理性证据都不接受,那如何想象他们能理解上面提到的这些存在者是无形体的呢?关于天使和来世之人灵魂的存在,他们也认为只能从从律法书中引申得知,而且没有思辨的方法能证明天使的存在及这些灵魂在来世的持存。这种情况就类似于一个人认为自己一瞬间就达到了对真理的理解,尽管他的知识极为贫乏也没有做过努力的探索,且忽视所有智慧、自满于对普遍接受之传统的简单解释,就像贤哲们(愿神赐福于他们)从未在《塔木德》中多处写道律法之言词既有显义也有隐义、隐义被称为“律法之秘密”,[②]又像贤哲们从未说过任何关于律法之秘密的事情。这些人拒斥所有上述教诲,当它们不存在。我们在《迷途指津》中已经解释过明智之人关于这些问题需要了解的内容,我们引述了贤哲们的所有相关言论,并通过评述这些引文揭示了我们用以支持真理的论据。

三

15. 当我们的长篇著作在各国传播后,我们获知大马士革的

---

① Berachot 31b.

② Pesachim 119b; Chagigah 13a.

某个学者说不存在死者复活,灵魂在离开身体之后不会复归,周围的人问他"你凭什么这样说",他就开始引证我们的著作,上面说终极目标是来世、在那里没有身体。周围的人就用民众的共识和相关的贤哲言论反驳他,而他回应说这些都是隐喻。他们又继续与他作详尽的讨论。当我们获知此事时并未措意,以为这只是个别情况,不会有人这么愚蠢以致理解不了我们写得很清楚的内容。

16. 然而,在文献纪年[①] 1500 年时有一封信从也门寄来,里面询问各种问题,其中说到在也门有一些人断言身体将朽灭,灵魂离开身体之后不会复归,赏罚仅及于灵魂。他们还引证了我们关于来世之人的说法。当人们提请他们注意关于死者复活的那些明确的贤哲言论和先知之言时,他们反驳说这些只是隐喻、应作寓意解释。询问者告诉我们这种意见在他们那里广泛散播,反对意见则被驳斥,因此他请求我们给出一个答复。我们回复了他们的询问,向他们解释死者复活是律法的一条基本原则,对灵魂复归身体不应作寓意解释,而在死者复活之后的来世生命,就是我们在《法庭篇》第十章解释过的那种情况,我们想这种解释已经足够了。

17. 就在今年,文献纪年 1502 年,[②]我们在巴比伦的一些同事[③]给我写信,提到一个也门居民向巴格达的拉比学院现任院长撒母耳·哈列维拉比询问了关于死者复活的问题。撒母耳拉比为此写了一篇关于死者复活的论文,其中复述了我们的相关言论,一

① 即塞琉古历,1500 年相当于公元 1189 年。

② 公元 1191 年。

③ 其中包括迈蒙尼德的著名弟子约瑟夫·本·犹大(Joseph ibn Judah),《迷途指津》即是为他所作。他当时往来于阿勒颇和巴格达之间,与撒母耳高恩就迈蒙尼德是否承认肉身复活的问题发生激烈争论,并将论战文章转发给迈蒙尼德征求意见,由此催生了本文的写作。

部分复述错了,一部分差强人意。他试图维护我们的观点,同时有所保留。随后,这位高恩用他的语言写的论文也传到了我们手中,我们看到了他所汇集的解释和传闻。众所周知,智者[写作]的目标不是用妇女在居丧之家讲故事那样的通俗语言来讲述传闻奇事,而是解释这些传闻、澄清其语境,使它们能够被有识之士正确地——或至少是接近于正确地——理解。

18. 更令人惊讶的是,拉比撒母耳居然把这样一些关于灵魂的观点归于哲人们,这说明他相信凯拉姆学家们[①]对于错误观点所作的陈述代表了哲人们的意见。我们在这篇论文中发现的最惊人的一点是——尽管整篇文章都很惊人——撒母耳拉比宣称博学的哲人们并不认为灵魂离开身体后复归是不可能的,其实这在理论上是可能的。这就是他所说的。这篇论文说明,[他认为]凯拉姆学家们是博学的哲人,他根本就不知道哲人们是如何区分必然的、不可能的与可能的。他还援引了他在巴格达所能见到的伊本·西那的《论复归》(Treatise of the Return)和《论逝者》[②]的部分段落,并认为这就是哲学著作的全貌。我们还发现这位高恩断言,哲人们不相信灵魂不朽并为这一观点做出论证,我很疑惑他所称为"哲人们"的这些人究竟是谁。

19. 我们还发现另一件令人惊异之事,就是这位高恩完全没有提到理智。我不知道在这种哲学中灵魂和理智是不是同一的,或者是灵魂不朽而理智可朽,还是理智不朽而灵魂可朽。他说哲人们并不了解灵魂,他们的一个观点是灵魂就是血。或许他认为理智是身体的一个偶性,就像被他视为博学的哲人的凯拉姆学家

---

① 即伊斯兰经院神学家(Mutakalimun),他们运用思辨方法阐释并维护教义,与外教神学家、异端及世俗哲人论战。

② 此书名原文是 al-mu'tabir,拉比诺维奇(Rabbinowitz)认为作者是变节者艾布·比尔卡特·希巴特·阿拉(Abu al-Birkat Hibat Allah),芬克尔(Finkel)则认为是变节者希巴特·阿拉·本·马尔坎(Hibat Allah ibn Malkan)。

们所说的;如果是这样的话,它肯定会朽灭。

20. 如果这位高恩满足于只是汇集这些训释、传闻和明确的经文解释来说明死者复活是律法明文提及的,将是很适合他作为博学之士的身份的。一言以蔽之,拉比撒母耳所说的一切——或者是大部分——都不同程度地是在别处已经被说过的。我们这篇论文的意旨,不是就他的论文所提出的观点进行论辩,其实我们只是由于所涉及论题的必要才提及他的论文,这在理智通达的读者看来是很明显的。我们的目标是裨益善于反思的学生,而不是张扬或贬低某人的声望。若有人愿行争辩、诋毁之事,则随他们去吧。愿神使我们远离此类行径。下面我将开始本文的论述。

四

21. 有洞察力的学生当了解这篇论文的意图在于解释我们关于死者复活这一根本原则所持的信念,关于此信念在学者中间发生了争议。这篇论文中并不包含任何我们在《密释纳评注》和长篇著作中没有说过的新增内容。它包含对相关内容的重复和较为详尽通俗的解释,要让妇人和愚蒙都能理解。除此之外再无其他。我要说的是,死者复活,即灵魂在离开[身体]之后将复归身体,是众所周知的,被我们的民众包括所有支派接受和承认,在祈祷、传闻和先知及伟大贤哲们撰写的祈求祷词中被经常征引,在《塔木德》和圣经训释中随处可见。这是一个在我们的民族中无可争议的前提,根本不需要解释。任何一个有信仰的以色列人都不得赞同一个信奉相反原则的人。

22. 我现在要解释为什么对[涉及死者复活的]这些圣经段落不应作寓意解释,而我们曾把这种方法应用在其他一些律法书段落上、解释出不同于字面意思的意义。因为,死者复活即死后灵魂复归身体,是被但以理用一种不能被寓意解释的方式提到的,他说:“睡在尘埃中的,必有多人复醒。其中有得永生的,有受羞辱永远被憎恶的”(但 12:2),并且天使对他说:“你且去等候结局,因为你必安歇。到了末期,你必起来,享受你的福分”(但 12:13)。

23. 其实,那种声称我们说关于死者复活的经文是隐喻的言论,只是一种讹传,作这种声称的人是在传布一种叛逆言论。我们的著作已经广泛流传,让读者来展示我们在何处说过这样的话吧!或许是我们对以色列的贤哲们关于以西结书中复活死者(结 37 章)的观点的评说[引起了误解],关于这个问题在塔木德贤哲中也有不同的意见。① 在涉及有意见分歧同时又不对神圣律法的践履构成影响的问题时,一个人可以决定遵从两种意见中的任何一种。我们在《密释纳评注》中已多次提到这一点。这些贤哲言论很明显地告诉我们,那些灵魂复归身体的人会吃喝结婚生子,得享高寿后死去,就像弥赛亚时代的生存状态一样。

24. 而且,来世生命将不再有死亡相随,因为那里已经没有身体。我们坚信——这也是有识之士公认的真理——在来世脱离身体的灵魂将如天使一样生存。具体解释如下:身体包含有执行各种灵魂活动的器官,就像我们曾明确阐释过的。② 身体构造可以被划分为三部分:有的器官消化食物,像嘴、胃、肝、肠和所有位于下腹的器官;有的器官进行生殖,像性器官、生殖性种子和子宫;有控制协调身体活动以满足其所需的器官,如眼睛及其他感官、血管、神经、肌腱等身体运动借以实现的器官。若没有这些器官,生物在饥饿时将无法移动以获取食物、也无法躲避可能毁灭或损害他生命的危险。因为人类的食物必须经过技艺加工,而后者需要思虑和智能,所以人被赋予了能够掌握技艺的理智能力。人还被

---

① Sanhedrin 92b,拉比犹大主张以西结书中的死者复活故事只是一个寓言,拉比以利泽认为这些复活的死者站起来、唱歌又死去,加利利的拉比约西则主张他们复活后去到巴勒斯坦、结婚生子,在这段经文解释上迈蒙尼德赞同拉比犹大的意见。

② 《密释纳评注》“先贤篇”导言《论伦理八章》章 1–2。

赋予实行这些技艺的自然器官,如手和脚——脚是一种不仅用于行走的器官。关于这方面原理的具体内容,相关学科的专家有精确的了解。

25. 事实上,我们已经解释过整个身体的存在都是为了一个目标,就是获取营养维持自身的生存,并生育[与父母]相似的子女维持人类种族的延续。在来世,这种目标已不存在,就像我们的贤哲们解释过的,"在那里没有饮食男女之事",很明显身体也就不会存在了。因为主(赞颂归于他)不会让任何无目的的事物存在,他每造一物必有理由。上天不容将神的完善行为与偶像崇拜者的行径相比拟的做法:"有眼却不能看,有耳却不能听"(诗115:5-6)。那些[有形论者]就是这样想象神(赞颂归于他)会创造根本没有用处——既无原初被设计的用处也无任何其他用处——的身体器官。或许这些人认为来世之人有身体而无器官,再或者他们长得就像坚实的球体或柱体或立方体。这些设想其实都是荒谬的:"惟愿你们全然不作声。这就算为你们的智慧"(伯13:5)。

26. 所有这些谬见的原因,正如我们曾解释过的,[①]在于大众只能设想与形体相联系或在形体之中的[事物的]存在,不是形体也不是形体之力的事物对他们而言就不存在。当他们想要确认某个事物的存在时,就要加给它形质,也就是说,要强调它的形体性。相关的根本原则,我们在《迷途指津》中已经明确提及。想要诋毁或驳斥我们意见的人,可以请便,我们不会为此烦恼。

就像我们在《迷途指津》中说过的,[②]哪怕只有一位智者追随我们关于真实信念的意见而有千万愚蒙因为迷信排斥我们,我们也将心满意足。

---

① 《迷途指津》I 26。
② 《迷途指津》本书导读。

五

27. 全能之神作证,其实我们强烈反对那种认为灵魂不会复归身体并认为这根本不可能发生的言论。因为否定死者复活将导致否定所有奇迹,而否定奇迹就等同于否定神的存在、抛弃我们的信仰。因此,我们确实认为死者复活是律法的一条基本原则。在我们的著作中,没有任何一处与灵魂复归身体相矛盾的表述,相反,这些著作都支持这一信条。那些选择造谣生事、栽赃陷害、肆意曲解我们的言辞以陷我们于罪的人,就像是把莫须有的罪名加于无辜者,最终将受到神的审判,他们的罪罚如同陷害无辜者的恶人一般。

28. 在做过所有这些解释之后,应该不会有人被误导而声称我们相信《圣经》涉及死者复活的段落都是寓言,因为就像我们已经提到的,其中有一些应按字面解释,有一些则无疑应作寓意解释,还有一些在是否应采取字面或寓意解释上存有疑问。如果你审查了安达卢西亚贤哲和评注家们关于这些圣经段落的所有言论以及这些段落的上下文,就能明了这个问题。鉴于本文的目的,我们没有必要深入这些细节问题,因为此类见解的真实性不会由于言辞的简约或繁复而有所损益。你也知道,关于神之独一性这一原则的陈述,即"主 我们神是独一的主"(申 6:4),在律法书中只出现一次而并无重复。

29. 我们发现陈述灵魂将复归身体的先知言词只有单一的意义,由此这段先知预言的意义是十分确定的。这一陈述的真实性,不因某人断言圣经中所有提到复活的言词都是指灵魂复归身体而增加,也不因某人推测其中一些或大部分——除了[但以理说的]一处——是寓言而减损。总之,先知预言有一两次提到死者灵魂复归身体,古代和现代的以色列贤哲们提到无数次,这是被民众普遍知晓且接受的。任何一个学者或作者提到[死者]身体复活,都是在这种确定的背景下来理解其意义的。

六

30. 有一些人质疑我们在长篇著作的末尾所说的:"不要认为弥赛亚会行奇迹、带来全新的事物、使死者复活或行诸如此类的事情。"[①]我们在解释中为此断言引述了证据。[②] 一些理智薄弱的人认为此断言否定了死者复活,并与我们在《密释纳评注》中所说的"死者复活是律法的一条基本原则"[③]相矛盾。相关的陈述其实很清楚,既无疑问也无矛盾。我们断言弥赛亚不会被要求行奇迹如分开海水或使死者复活之类,意思是说,不用要求他行奇迹[以表明身份],因为诸先知的可靠预言已经预告了他的到来。不可从此论文推论全能之神不会在他所选择的时刻——无论是弥赛亚时代或先于他或在他死后——使他所愿意的人复活。一言以蔽之,在我们的长篇著作中没有任何会引发有识之士疑问的言辞,只有那些初学者才会由此生疑。

31. 他们还质疑我们关于以赛亚所说的"豺狼必与绵羊羔同居"(赛 11:6)应作寓意解释的判断。[④] 其实这并不是我们的独特判断,在我们之前的明智的评注家们——如拉比摩西·本·革卡提拉、伊本·巴拉姆和其他一些评注家——也是如此理解这个问题的。这段经文的下文也证实了我们的观点:"在我圣山的遍处,这一切都不伤人,不害物。因为认识主的知识要充满遍地"(赛 11:9),此处为它们不伤人不害物给出的原因是它们将认识主。

---

① 《第二律法书》,Melachim 11:3。

② Berachot 34b.

③ 《法庭篇》第十章导言。

④ 《第二律法书》, Melachim 12:1。

以色列的会众,你们是否可以找到一个有理智的人居然想象现在吞食撕咬的狮子在那时会改变本性而忏悔、认识它的创造者、意识到自己不应伤害并改过吃草?如果是这样,就应了《圣经》中所说的:“所有的默示你们看如封住的书卷”(赛 29:11)。但是,我们在《迷途指津》的一章中已经解释过这个问题,[①]在长篇著作中也明确引证了贤哲们关于弥赛亚时代创世秩序不会改变的言论以支持我们的观点。[②]

32. 须知当我们判断这些以及类似的预言应作寓意解释时,我们的观点并非定论,因为并没有来自全能之神的先知预言降临我们说这是寓言,也没有起自先知经由贤哲传给我们的对此类问题作寓意解释的传统。我将向你解释我为什么采取这样一种解释方式,我们和有识精英的目标与大众的目标正相反。遵从律法的大众们——出于其无知——最珍视和喜爱的一个观念就是把律法和人类理智视为相互矛盾的两极。他们把自身理智无法理解的任何事情都当成奇迹。无论是[圣经]记录的过去的事情、当下可察知的事情还是[经上]所写的未来会发生的事情,他们都不愿把它解释成自然现象。而我们则努力协调律法与人类理性,尽可能按自然的方式考虑事物,除非它明显符合奇迹的定义且无法被解释,此时我们不得不说它是一个奇迹。

33. 在《迷途指津》中,我们曾解释《圣经》和贤哲们(愿神赐福于他们)所使用的明确语言和先知之言中的众多隐喻。我们如此详尽地解释了这个问题,以至于无知之人也不会贸然提出反对。因此,我们和一些杰出的前辈评注家,基于前述理由,判断这(赛11:6)是隐喻。也可以这样来解释,当[弥赛亚时代]人口增长、土地丰产,动物间的伤害将会减少,它们将和谐共生。亚里士多德在

---

① 《迷途指津》II 29。

② 《第二律法书》, Melachim 12:1。

《论动物》中[①]曾表达过类似观点,用以解释埃及的动物为何较少发生彼此伤害。这也可能是一种夸张的手法,就像贤哲们(愿神赐福于他们)说的:“律法书用夸张的语言说话”。[②]

34. 即使对这段经文作字面理解,它也是一个只在圣殿山上显现的奇迹,就像经上所记:“在我圣山的遍处”。这种情况就像贤哲们说的:“在耶路撒冷没有蛇蝎伤人”[③]。总之,这些并不是律法的基本原则,一个人没有必要过分关注这些事将如何发生,他应当等待,直到我们所信仰的事情迅速实现,那时这些事情究竟是寓言还是奇迹就一目了然。众所周知,我们反对改变创世秩序。让在我们前后迷误的人继续迷误吧,他们不能区分出于一时需要或为了认证先知而发生的不经久的奇迹性事件和总是重复发生、代表自然常道的自然事件,关于后者贤哲们(愿神赐福于他们)指出:“世界遵循自然常道”。[④] 他们还说:“奇迹性事件不能作为证据”。[⑤] 而且,所罗门说:“我知道神一切所作的,都必永存,无所增添,无所减少”(传 3:14)。显而易见,自然事件总是遵循自然常道,我们在《迷途指津》中谈到世界起始时已经解释过这个问题。[⑥]

七

35. 在我看来,这些人之所以误解并质疑我们关于死者复活的言论,是因为我们通过解释确定的论据并引证先知与贤哲们的相关言论、详尽地描述了来世,而关于死者复活,我们则谈得比较

---

① 亚里士多德《动物志》卷 9 章 2。

② Chullin 90b.

③ Avot 5:5.

④ Abodah Zarah 54b.

⑤ Berachot 60a; Baba Metzia 59b.

⑥ 《迷途指津》II 19、25、29。

少,只是指出它是我们信仰的一条基本原则。这有两个原因。第一个原因是,我们所有的著作都是[言辞]简练的。我们的目标是不要让著作的篇幅过长,避免无益辞费。因此,当我们就某个问题作出评论时,我们只论及需要解释的内容,且言辞简约、足以达意即可。当我们撰写[这些著作]时,是以一种简明扼要的方式处理问题。

36. 第二个原因是,详论应当仅用于解释隐晦的问题——这样才能把它完全解释清楚——或用于论证关于此问题的真实见解。采取这种方式需要三种智慧,即:基础科学,[1]自然科学和神学。涉及这些科学的问题经常是隐晦而难于理解的,除非它的各个方面都已被解释清楚;经常需要[经过]许多论证才能确认某个相关见解的真实性。而一个奇迹性事件,并无什么隐晦或难解之处。一个已经发生或应许将发生的奇迹的真实性,是无法被论证确认的。我们是通过感官来感知它或是通过他人的亲身见证来接受它的。因此,我们详论了来世,为那些认为它隐晦难懂的人作出解释,说明它是自然进程的一部分,与灵魂的不朽性相关。

37. 而在另一方面,死者复活显然是一个奇迹,它非常易于理解,我们只需要按《圣经》的真实陈述相信它。它出离自然常道之外,一个人无法用思辨的方法证明它。奇迹确实发生,我们通过传统接受全部奇迹,舍此再无其他途径。因此,关于它我们还能进一步说明什么呢?我们为什么要对它作长篇大论呢?[难道]那些要求我们为死者复活作出证明的人认为它是能够被论证确立的吗?毫无疑问,那些人想要我在我的著作中解释所有相关的训释和塔木德陈述,这件工作更适合抱有别种写作意图的人来承担。致力于钻研我们的长篇著作的读者们,你们知道我一直力图减少争论。如果能把全部塔木德压缩成一章,我决不会压缩成两章。

① 指数学、逻辑学。

既然所有训释和陈述都能在相应的著作中找到出处并被研读，那我又何必处处征引呢？在我们的撰作中重复它们有什么意义呢？

八

写到此处，我们已经达到了原初的目的，再就此点多费笔墨已无意义，因为这种讨论只是重复我们在《密释纳评注》和长篇著作中已说过的内容，只是为那些理智薄弱者和妄行僭越者做额外解释。但是，为了给这个主题增益一点新的信息，我们将再度讨论两个相关的问题。

38. 第一个问题是要解释那些为数众多的、似乎证明死者复活不可能的《圣经》段落。这些经文看起来无法作他种解释，例如，经上说："人若死了岂能再活呢？"（伯 14:14），还有："云彩消散而过。照样，人下阴间也不再上来"（伯 7:9），又如："叫我在往而不返之先，就是往黑暗，和死荫之地以先"（伯 10:21），类似经文在《约伯记》中很多。希西家也说："下坑的人不能盼望你的诚实。只有活人，活人必称谢你，像我今日称谢你一样"（赛 38:18-19），这说明那些下坑的人就这样死了［不会复生］。经上还这样写道："我们都是必死的，如同水泼在地上，不能收回"（撒下 14:14），又如："你岂要行奇事给死人看吗？难道阴魂还能起来称赞你吗？（细拉）"（诗 88:10），又如："［他想到他们不过是血气，］是一阵去而不返的风"（诗 78:39）。一个人若钻研这些经文就会发现，它们都完全否定死者复活，除了《以赛亚书》的一些字面解释（赛 26:19）；稍作考察，就会知道在这段经文究竟是隐喻还是直陈的判断上存在疑问。《但以理书》中明确表述的以下经文也在人群中引起重大疑惑："睡在尘埃中的，必有多人复醒"（但 12:2），还有："到了末期，你必起来"（但 12:13）。这些经文中的一部分在死者复活这一根本原则上造成重大疑惑。一些坚信这一根本原则的人,甚至被迫对上述经文作牵强附会的解释,以使它们可被接受。

39. 第二个问题是关于律法书[摩西五经]中从未——无论是暗示或直陈——提及这一根本原则的事实。如果一个人认为律法书上不可能连指涉这一根本原则的暗示都没有——而且当贤哲们提出“我们如何知道死者复活是基于律法书呢”的问题时,他们会援引一些经文以表示[这一原则]隐含其中,但贤哲们就哪些经文指涉这一原则存在意见分歧——那么,第二个问题应表述为:律法书为何不明确提及并清晰表述这一原则以消除[寓意]解释的必要呢?在善于思考的人看来,这段经文更像是在用隐微的方式陈述某事,因为作者想要掩盖它。

40. 针对第一个问题,我在此要说的是,先知与《圣经》的言词是在描述常态下的自然存在。众所周知,自然的存在方式是生物雌雄交配生育相似的后代,新生者逐渐成长最终死去。死者复生不属于自然范围。属于自然范围的是,生物死后不再复返,而是渐渐分解,还原成它们所从来的元素和原初质料,从而无法辨识出属于死去生物的任何部分。只有人被赋予持存的部分,这部分将必然存留、不会朽灭或失去。但是,人的身体和其他生物一样会朽灭。一个对此深奥问题认真探索的人,可以为人之被赋予不朽的部分提供证明。这属于自然的范围,也就是先知书所说的与神同在的灵魂或精神。而身体会朽灭并复归其所从来的元素,就如经上所说:“尘土仍归于地,灵仍归于赐灵的神”(传 12:7)。这是自然范围内的事情。

41. 所有这些经文都应如此理解,[在这方面]经上所说的“人若死了岂能再活呢?”(伯 14:14)与“我为你们使水从这磐石中流出来吗”(民 20:10)并无分别,因为所说的事件都不在自然范围内,从自然的方式来看都是不可能的。其实,水是通过一个奇迹从岩石中流出的,同样,死者复活也是一个奇迹。经上所说的“古实人岂能改变皮肤呢”(耶 13:23),与“你岂要行奇事给死人看吗"(诗88:10),还有一只纯净的手一度显为白色[麻风](出4:6),都是奇迹。如果一个人断言死物不可能活动,按照自然常道他说的是真的,而且此断言也不会被杖变成蛇(出7:10)这件事证伪,因为那是一个奇迹。与此类似,所有看起来反对死者复活的经文,都是就自然的方式而言,它们与造物主若愿意就可使死者复活并不矛盾。因此,这些经文的意义当尽可能如实解释,而没有必要像那些反对死者复活的人①为支持他们的观点采取曲折、牵强、难以接受的解释。

42. 须知对灵魂复归身体的否定,不外基于两个原因:或者是因为它不是自然现象而拒斥它——根据同样理由,他也不得不否定一切奇迹,因为它们都是非自然现象——或者是因为《圣经》没有明确提及它而拒斥它。后一种人没有理解《圣经》关于奇迹的真实陈述,我们已经解释过《圣经》上有——尽管很少——证实死者复活的经文。如果此人断言我们当如解释其他一些经文那样对这些经文作[寓意]解释,我们将这样回答他:你对这些经文作寓意解释是因为死者复活是非自然的,所以你这样解释以使它们符合自然,同样,你也需要解释杖变成蛇、降下吗哪、西奈山上的情景、云柱和火柱(出16:13-31,19,13:21),所有这些你都不得不对它们作出解释以使它们与自然现象相符。但是,我们在《迷途指津》中谈到世界起始的问题时②已经解释过,如果一个人相信世界有始,他就必须相信[律法书中]全部奇迹都是可能的,其中就包括死者复活的可能性。因此,我们相信每一个可能事件,只要它是被先知告知的,而且我们并未发现对其进行超出字面意思的解释的必要。

43. 但是,某些经文的字面意思是不可能的,如神的形体性,

---

① 此处按原文直译,但从上下文义来看,似乎应该是指那些为维护死者复活而对看似否定这一原则的经文作牵强解释的人。

② 《迷途指津》II 25。

则必须作寓意解释。而那些可能的经文则应按其本身所呈现的[进行解释]。有人将死者复活解释成灵魂[独存]不会复归身体,这是因为他相信死者复活在人类理智看来是不可设想的、不属于自然常道的范围。面对[《圣经》中]所有其他的奇迹时,他也不得不做同样的判断。从世界无始信念出发,这些奇迹都是完全不可能的。正如我们在《迷途指津》中解释过的,[1]一个相信世界无始的人不被视为摩西与亚伯拉罕会众的一分子。我们相信这些根本原则,死者复活亦在其中,我们按字面意思将它接受为律法的基本信条之一。我们认为不宜对[为死者复活]提供确证的两处《圣经》明文(但 12:2、12:13)作寓意解释,后者不支持任何此类解释。

九

44. 现在,关于第二个问题,即律法书中为什么没有提到死者复活,我给出的回答是:被普遍认可和接受的一件事实是,整部律法书不是我们的导师摩西撰造的,而是完全出自全能之神;在此,我们需要审慎探讨神在律法书中告知我们关于来世生命的事情[2]却没有向我们揭示死者复活这一问题。此事的原因在于,就像我们解释过的,死者复活作为一个奇迹将确实发生,它的可信性仅仅基于先知之言。而在那个时代,正如我们在《迷途指津》中所解释的,[几乎]全部人类都属于萨比教徒,[3]他们相信世界无始、将全能之神视为天体的精神、否定神通过先知向人类传言。

45. 根据他们的信念,他们不得不否定奇迹,并把它们归于巫

---

① 《迷途指津》II 13、25、27。

② 申 22:7 和民 15:31 被塔木德贤哲(Kiddushin 39b、Sanhedrin 64b)解释为指涉来世生命。

③ Ṣābi'ūn,该词出于《古兰经》(2:26,5:69,22:17),迈蒙尼德对萨比教徒的描述与评论见《迷途指津》III 29。

术和狡计。因此,我们看到他们试图将我们的导师摩西(原神赐福于他)所行的奇迹与他们的邪术混同:"他们各人丢下自己的杖[杖就变作蛇]"(出 7:12)。我们也看到当时以色列人是多么惊奇:"今日我们得见神与人说话,人还存活"(申 5:24),可见先知预言原本在他们看来是不可能的。律法书如何能够向一个认为先知预言这件事是不可理解的人描述需要以相信先知为前提的基本信条呢?那些相信世界无始的人们会完全拒斥此点;我们若不是相信奇迹,也不能设想死者复活是可能发生的。

46. 当全能之神要把律法授予人类并通过先知[①]使全世界知晓他的诫命与禁令时——如经上所说:"[我叫你存立,是特要向你显我的大能,]并要使我的名传遍天下"(出 9:16)——他制造了具载于律法书的伟大奇迹,以证明先知预言和创世的真实性。因为一个真实的奇迹乃是创世的明证,正如我们在《迷途指津》中解释过的。[②] 在此之外,他还启示了诸如赏[善]罚[恶]的与此世相关的内容以及诸如灵魂不朽与灭亡——也就是我们提到过的来世与剪除——的自然现象,但他没有提及更多与复活相关的内容。这种情况一直持续,直至[关于先知预言的]基本信念随着世代迁移而不断强化和得到确证。关于先知预言和奇迹性事件的真实性不再有疑问。此后,先知们向我们陈述全能之神告知他们的关于死者复活的信息,此时它已变得易于接受了。

47. 我们发现,全能之神对以色列人采取了这样一种[启示]方式,他对他们说:"非利士地的道路虽近,神却不领他们从那里走,因为神说,恐怕百姓遇见打仗后悔,就回埃及去"(出 13:17)。就像他使他们逐渐适应这个世界的环境,以防止他们返回埃及、使关于他们的神圣计划落空一样,他也担心他们不会接受死者复活

① 芬克尔指出"人类"、"先知"在阿拉伯原文本中分别是"以色列人"和"先知之师"(即摩西)。

② 《迷途指津》II 25。

这一信条,因为那样的话在这方面为他们设定的目标也会落空。因此他们也要逐渐适应这些信念。他们的引领者与教化者乃是同一个。众所周知,这些全能之神欲使其理解律法的人们当时采取了错误的观点。经上在他们见证神所行的全部奇迹四十年之后是这样描述他们的:"但主到今日没有使你们心能明白,眼能看见,耳能听见"(申 29:4)。神(赞颂归于他)知道,如果他告诉他们死者复活的信条,他们将感到怪异并极难接受。他们将轻于犯禁,因为惩罚直到久远的未来才会降临。因此,他向他们作出将即速赏善罚恶的警告与保证:"你若听从[主你神的话]……你若不听从"(申 28:2、15),这样诫命将更易于接受并带来更大益处。这将带来极大的好处,是指听从诫命会改善一个人的此世境遇[1],而违背诫命将给人带来灭亡的苦果。

48. 律法书中已经指出,[以色列人]服事[神]将带来境遇的改善而违背将带来损失,是一个持久的迹象。他说:"这些咒诅必在你和你后裔的身上成为异迹奇事,直到永远"(申 28:46)。为此,贤哲们说:"以色列不受星象的影响",[2]也就是说,他们的成败不受制于自然原因或偶然因素,而取决于服事或违背。这是最大的迹象。我们已经解释过,这既适用于对[以色列]会众的判断,也适用于对个人的判断,就像从上述[贤哲]传述中清晰看出的。所以经上说"在……你后裔[3]的身上……直到永远",同样,关于这个民族的一句广为人知的箴言说:"当一个人看到苦难降临在他身上时,应检视自己的行为"。[4]《圣经》在描述这个民族的独特性时也传达了同一个观念:"[又恐怕你向天举目观看,]见主你的神为天下万民所摆列的日月星,[就是天上的万象,自己便被勾引敬

---

① 拉比诺维奇整理的版本中作"matters of worlds",即两世(此世与来世)境遇。

② Shabbat 156a.

③ 在希伯来圣经原文中"后裔"是单数。

④ Berachot 5a.

拜事奉它。主将你们从埃及领出来,脱离铁炉,]要特作自己产业的子民”(申 4:19-20)。这段经文的意思是,他们的境遇并不遵从与其他所有民族同样的法则,神通过这一伟大的奇迹使他们成为独一无二的凭自己的行为决定自身祸福的民族。

十

49. 最后还有一点需要说明——尽管它比前面整篇的意旨还重要——这就是,奇迹有时出离自然的范围,就像杖变成蛇、大地开口将可拉一党吞灭(民 16:32)以及分开红海,有时则以与自然常道相一致的方式发生,如在埃及的蝗灾、冰雹和瘟疫。这种事件都是在特定时间和地点发生,如耶罗波安的坛在神人的指令下破裂:“这坛必破裂,坛上的灰必倾撒,这是主说的预兆”(王上 13:3),因为建筑尤其是新造的建筑破裂并非异常的事件。与此类似,在收获的季节通过撒母耳的祈祷而降下瓢泼大雨,以及律法书提及的祝福与诅咒,所有这些事件都可以在任何国家任何时间发生,一个人若对此进行思考,就会发现这些都在可能的范围内。

50. 但是,这些在可能范围内的事件确实是奇迹,因为它们都满足以下三个条件中的一个或全部。第一个条件是,事件精确地在先知指定的时间发生,就像撒母耳的例子所示:“我求告主,他必打雷降雨……是撒母耳求告主,主就在这日打雷降雨”(撒上 12:17-18),又如来自犹大的神人所示:“坛也破裂了,坛上的灰倾撒了,正如神人奉耶和华的命所设的预兆”(王上 13:5)。第二个条件是,所发生的事件属于一种极为罕见的类型,如蝗灾的例子:“[蝗虫上来,落在埃及的四境,甚是厉害,]以前没有这样的,以后也必没有”(出 10:14),关于冰雹经上是这样说的:“自从埃及成国以来,遍地没有这样的”(出 9:24),关于瘟疫是这样说的:“只是以色列人的牲畜一个都没有死"(出 9:6),因为这个事件仅发生在特定民族或特定地点或以特定程度发生,这些都是极不寻常的,尽管是可能的。第三个条件是事件的延长、更新与持续不断,就像祝福与诅咒,因为如果它只发生一两次,就可能不被当作奇迹而被视为偶然事件。律法书已经说明此点:"你们行事若与我反对,不肯听从我"(利 26:21),就是说,如果你们把降临于自身的灾祸当成偶然事件而非惩罚,全能之神说他就会延长这一苦难,因为神为你们把它当成偶然事件而发怒,如经上所记:"你们……行事与我反对,我就要发烈怒,行事与你们反对"(利 26:27-28)。

51. 在我们作出所有上述解释之后,须知出离自然范围的奇迹根本不会延长,也不会持续不变。因为,如果它成为持久的,就会使人对此奇迹生疑,如果杖持久成为一条蛇,那么人就会怀疑它从一开始就是一条蛇。因此,当它变回杖,奇迹就成全了:"它必在你手中仍变为杖"(出 4:4)。同样,如果开口吞灭可拉一党的地长久保持开裂,这个奇迹就不完全了,而当地恢复原貌,它就成全了:"地口在他们上头照旧合闭"(民 16:33)。分开红海也是一样:"到了天一亮,海水仍旧复原。埃及人避水逃跑"(出 14:27)。因为我刚才说明的这一根本原则,我不相信出离自然范围的事件会持久——正如我们在本文中解释过的——而另一方面,关于通过自然方式发生的奇迹,则是事件越持久、越可信为奇迹。因此,我们相信,祝福与诅咒——以色列若服事神则赐福、若不断违背则降祸——的持久性证明了它是一个迹象和奇迹,就像我们解释过的。

52. 有人可能会问:神为什么向他们显示这个奇迹而不是那个终极的奇迹即死者复活与死后对灵魂和身体的赏罚?问这个问题如同问:神的使者为什么行把杖变成蛇的奇迹而不是把石头变成狮子?所有这些都取决于神圣智慧的指令,我们无法理解这一神圣智慧,哪怕是分毫,尤其是考虑到我们已经探讨过这一智慧的等级。[①] 或许,存在一个或其他多个理由促使神圣智慧采取此种行为方式,但是我们无力把握这些理由。

53. 任何有识之士都不应批评我们在本文中总是重复一个主题或不必要的拉长对这个主题的解释。因为我写作这篇论文是为了那些对我们的明晰陈述存有疑问的大众,还有那些批评我们论及死者复活的言词过于简约的人。另一方面,对那些明智之士,仅仅暗示已经足够。对他们没有必要重复或作长篇解释,我们在《迷途指津》和其他所有著作中关于深奥主题的简明概述已经足够,这与贤哲们(愿神赐福于他们)的教诲相符:"他对他说:请解释它。后者回答:智者不需要解释。他说:请再说一遍。后者回答:智者不需要重复。"[②]因此,你当明了对智者说话不需要重复或解释:"教导智慧人,他就越发有智慧"(箴 9:9),与此对照,大众需要同时解释与重复:"命上加命,令上加令,律上加律,例上加例",而且,用了所有这些方法,他们也只能理解一点点:"这里一点,那里一点"(赛 28:13)。确实应当根据每一群体的能力对他们说话。

愿全能之神以其仁慈佑助我们在言行上保持正直,拯救我们远离罪恶与谬误。诚心所愿(Amen, Amen)。

《论复活》至此完成。

---

① 《论伦理八章》章 8;《律法之根基》2:8-10;《迷途指津》I 58。

② Sifra, Metzorah s.v. vechi yithar hazav mizovo.

考订本及英译本导言

沃尔泽(Richard Walzer)

眼前这个法拉比《卓越城邦居民意见诸原则之书》的笺注—考订本和第一个英译本,旨在对于充分理解伊斯兰初创的四个世纪中最杰出哲人之一的思想有所帮助。本书包括:(1)《卓越城邦居民意见诸原则之书》的订正文本,法拉比最后也是最成熟的哲学总括,应该完成于他逝世——据阿拉伯传记作者们的推算是在伊历 339 年、公元 950 年——之前不久;(2)一个英文译本,据我所知是付印的第一个英译本;(3)一个详细的分析性评注,也是前所未有的,相似但并不完全类同于西蒙·范·登·博格(Simon van den Bergh)对于西班牙—阿拉伯哲人伊本·鲁世德(阿威罗伊)的两部重要著作①的译注。

现在着手进行对于法拉比的全面研究并评定其总体成就还为时尚早,针对那些长期以来被西方学者所熟知并勤奋钻研其每一可以想见的细节的作家——如柏拉图、亚里士多德、普罗提诺——尝试去写这样一部著作或许是合理的。对法拉比生平、思想的导论性介绍已见于法赫里教授的《伊斯兰哲学史》(页 125-41)和

① 指《矛盾之矛盾》和《形而上学概要》。[译按]见注 43、147(即本书页 98 注③、页 27 注①)。

《伊斯兰百科全书》第二版的第二卷(页 778-86)。[①] 因此,《卓越城邦居民意见诸原则》是本书的主题,至于法拉比众多业已出版的——唐洛普(D. M. Dunlop)、阿敏('Uthmān Amīn)和已故的布伊吉斯神父(the late Father M. Bouyges)所编辑的——其他著作、还有尚未出版的著作,只在有助于解释《卓越城邦居民意见诸原则》的场合才被征引。

现在仍不能确定《卓越城邦居民意见诸原则》在法拉比全部著作中的地位,但它肯定是他现存的最后一部著作。现在还没有关于可供研究的各种法拉比著作的专著或分析[②],这些著作也并不都有可读的译本。很有可能他的文风和表达思想的方式在岁月的历程中有所改变,他也可能根据环境而采取不同的写作方式,但《卓越城邦居民意见诸原则》的写作时间是可以确切知道的,[③]其他著作的写作时间则无法确定。建立一个相对尝试性的法拉比年谱是很有吸引力的一件工作,就像研究者根据一些资料为柏拉图所作的那样。批评家们在写作风格上没有什么特别发现,这些著作彼此之间也没有直接或间接的征引。所以,在现阶段一个研究者必须承认绝对的无知(absolute ignorance)而满足于作当下无法

---

① 《伊斯兰百科全书》(*Encyclopaedia of Islam*), A-Iram, Leiden & London, 1954-71; 法赫里,《伊斯兰哲学史》(M. Fakhry, *A History of Islamic Philosophy*), Columbia University Press, 1970 [译按]此书 2004 年已出经作者修订的第三版。)

② [译按] 沃尔泽是就 20 世纪 70 年代的研究现状而言,他所提到的作者法赫里后来著有《法拉比,伊斯兰新柏拉图主义的创立者:其生平、著作与影响》(*al-Fārābi, Founder of Islamic Neoplatonism: His Life, Work and Influence*, Oneworld Publications, 2002),穆赫欣·马赫迪则著有《法拉比与伊斯兰政治哲学的奠基》(*Alfarabi and the Foundation of Islamic Political Philosophy*, The University Chicago Press, 2001)。

③ 据伊本·阿比·乌绥比阿(Ibn Abī Uṣaybi'a)《先知流品之书》(*Kitāb 'uyūn al-anbā' fītabaqāt al-aṭibbā'*, ed. August Müller, Miṣr, 1884, ii, 页 138-139)以及普林斯顿收藏手抄本(Princeton, 公元 1278 年)与伊斯坦布尔收藏本(Istanbul, 公元 1502-1503 年),此书完成于巴格达,随后法拉比将其带到阿勒颇与埃及,不断修改,直到他去世前两年(公元 948 年)仍有所修订。

确证的个人猜测。

一

没有一部现存的法拉比传记能够为我们提供超出生平概要的内容，伊斯兰传统中可资利用的零星细节也远非详实准确。这在早期哲学史上并不是罕见现象，在古希腊和中古伊斯兰传统中都可以观察到。由其著作编辑者波菲利所作的普罗提诺传记，由其后继者马里努斯(Marinus)所作的普罗克洛斯传记，由大马士基乌斯(Damascius)所作的伊西多努斯(Isidorus)传记，都是确立典范的例外，可能尚有更多未曾流传下来的此类传记。然而，在大部分情况下，我们必须——就像每一个古希腊哲学学徒所认识到的——依靠二手的、次级的资料，就像第欧根尼·拉尔修(Diogenes Laertius)于公元二世纪辑录的逸闻汇编。在阿拉伯早期，只有伊本·西那的传记提供了较丰富的细节，具有超出不可凭信的流言的根据。它以一个简短的生平自叙开篇，并由伊本·西那的亲密弟子朱兹贾尼(Abū ' Ubayd al-Juzijānī)补续并完成。至于肯迪(al-Kindī)和拉齐(Muḥ. b. Zakariyyā al-Rāzī)，他们各自的现存著作为这两位哲人的生平提供了我们所掌握的最为关键的信息。而法拉比的著作却并未在他的生平事迹方面提供任何新的信息，因为他从不谈及自己；他的日常活动、社会地位以及他对同时代历史事件的参与之类的信息，在他的著作中的呈现并不比后世传记传统中的简短叙述更清楚。但是，对他的《卓越城邦居民意见诸原则》这样一部主要著作的阐释，却必须考虑到这些非常有限的生平事迹①，因为它们对理解这部著作还是有些许帮助。

① 以下生平线索主要依据《伊斯兰百科全书》(见注196［即本书页127注①］)"法拉比"条。

法拉比(Abū Naṣr Muḥammad b. Muḥammad b. Ṭarkhān Awzalaugh/Uzlugh al-Fārābī),约于公元870年生于突厥斯坦,锡尔河边法拉伯地区的瓦斯吉(Wasīj)。他后来定居于阿巴斯王朝的首都巴格达,并在那里生活多年。在他生命的最后十年中的一段时间,他供职于著名的哈姆丹王朝埃米尔(Hamdānid Amir)塞夫·道莱(Sayf al-Dawla)在阿勒颇的宫廷,这位埃米尔对当时的十二伊玛目派的积极同情是众所周知的。据说法拉比卒于公元950年。

一般公认法拉比是突厥裔。他的父亲是一名部队指挥官,很可能是一个级别不很高的军事冒险者,从属于阿巴斯哈里发在法拉比出生之前一个世代所招募和扩充的雇佣军。突厥人在十世纪中叶巴格达知识阶层心目中的形象,从伟大的穆尔太齐赖派阿拉伯散文作家贾希兹(al-Jāhiz)所写的《突厥人诸德性书信》(*Epistle on the Excellences of the Turks*)——为哈里发穆泰瓦基勒(al-Mutawakkil)的突厥将领法哈坎(al-Fatḥ b. Khāqān)而作——中可见一斑。突厥人在九世纪巴格达的地位如何,与本书关联不大,指出以下一点就足够了:尽管突厥军人被普遍厌恶,但并没有更一般意义上的反突厥情绪;一个突厥出身又不从军的年轻人可能很难跻身社会上层,因为他必须从相当低贱的地位开始奋斗,但他突厥裔穆斯林的身份并不构成无法逾越的障碍。

法拉比的著作未曾透露突厥出身的痕迹或标志。曾有外行轻率地提出,一些突厥习语对他的文风具有影响。这些人显然没有认识到法拉比时代穆斯林生活的特殊情况和伊斯兰教最初形成的几个世纪及其后很长一段时间内阿拉伯语的独特地位。在最近印行的一些著作中,可以看到里面保存着少量波斯文、希腊文和粟特文的注释,而突厥文的注释尚未被发现。法拉比毫无阿拉伯人的种族优越感;他厌恶并反对其他人的部族自大(见本书18.8),他自己当然也不会流露此种倾向。若被问及,他很可能会这样回应:

唯一安全且持久的社会纽带是由像伊斯兰教这样的宗教来提供的,后者并不像犹太教和印度教那样建基于种族之上,从而更适合以哲学的方式来理解。

肯迪(卒于公元870年后)出身阿拉伯贵族,属于支持穆尔太齐赖派的哈里发们的宫廷圈子,在哈里发穆泰瓦基勒在位期间(公元847–861)随着(政治—宗教)风向的转变而失势。他显然有自己的资源,能够委托翻译哲学文本以供自己使用。而法拉比从未能赞助此类工作。他只能满足于他的叙利亚基督徒导师们的教诲,其时后者在巴格达及别处已经建立了一种哲学研读的传统。

波斯裔的拉齐是一个闻名遐迩的成功医师,行医的收入已足以使他在经济上独立。而法拉比蔑视这类(经济)关切。伊本·西那出身富裕,年轻时一直过着闲暇绅士的生活,直到他父亲去世,他开始在伊朗境内一些较小区域的统治者手下出任各种行政职务。而法拉比对经济收入、政治地位或影响都不关心。他既没有像米斯凯威(Miskaweyh)那样跻身(王公的)书记官阶层,也没有像伊本·鲁世德那样接受宗教职务,后者是科尔多瓦的首席教法法官。据说,他曾在一所花园和葡萄园当工人,这应该是发生在他定居巴格达之前。他饮食十分简约,喝搀着甜罗勒汁的水,吃羊羔的心脏。只有在晚上他才有空就着花园守夜人的灯光阅读和学习。[①] 这截然不同于富裕的伊本·西那夜晚工作的状态,后者说他在室内就着烛光学习,时不时来一杯红酒提提神。

在生活方面,法拉比——较之贵族式的知识分子——更像是一个犬儒主义哲人。据说他总是一身褐色的苏非装束[②]。在法拉

① 见乌绥比阿(Ibn Abī Uṣaybiʻa),《先知流品之书》(*Kitāb ʻuyūn al-anbāʼ fiṭabagāt al-aṭibbāʼ*, ed. August Müller, Miṣr, 1884),ii. 页134。

② 见吉夫提(Ibn Qifṭī),《贤哲传记》(*Taʼrikh al-hukamaʼ*, Aug. Müller, Leipzig, 1903),页279, II. 8f.

比时代,这种着装并不意味着对苏非神秘主义观点的认同,具体到法拉比本人,他坚决反对这种神秘主义对生命的出世解释和对来世的过分强调(见本书13.5;15.10;19)。在公元10世纪,苏非斗篷有十分不同的意义,马克迪西(G. Makdisi)教授非常恰当地描述了这一点:"这类人就像我们今天说的激进知识分子,他们不接受任何人的资助,担心与有钱有势的人交接会损害自己的独立性,而宁愿自谋生路,满足于一种仅够维持生命的生活。"①

法拉比在巴格达定居的许多年过的很可能就是这样一种生活。当他年逾七十从巴格达迁居阿勒颇时,已是一位著名作家和学者。他的著作显示,他的很大一部分读者都是受过良好教育但并不自命为哲人的穆斯林。他未曾经受过任何同时代其他"叛道者"(deviationists)所经受的来自官方或大众的迫害。他也从未谈及他的个人感受或经验,但是,我们可以从《卓越城邦居民意见诸原则之书》和类似著作中推知他对自己选择居住其中的"和平城邦"巴格达的看法(见本书18.15-17)。将第16章11节的论述理解为同样适用于法拉比本人,大概并不牵强:他谈到哲人被环境所迫、如同流放者一样生活于一个有缺陷的城邦,但仍洁身自好、静候其变。人们不禁会把第18章对蒙昧城邦的描述解释为指涉公元900年前后巴格达的实际生活状况,但这种解释必须谨慎、不能走得太远。在我看来,穆斯林世界历史的研究者值得下功夫研究法拉比的这些与其他的"政治"章节,将其视为我们关于伊斯兰三世纪末、四世纪初的并不丰富的信息的有益补充。

当法拉比自愿接受埃米尔塞夫·道莱的邀请、从伊斯兰世界的首都迁居重要省会城邦阿勒颇并加入他的宫廷时,并未改变他苏非一般的生活方式。他满足于靠四银第纳尔一天的薪俸生活,

---

① 见 G. Makdisi, "The Sunnī Revival", in *Papers on Islamic History, 3: Islamic Civilisation, 950-1150*, Oxford, 1973,页166。

我从我的朋友古币研究家 H.米歇尔—布朗夫人（Mrs. H. Mitchell-Brown）那里了解到，这大大超出一个农民的生活水准（他可凭两第纳尔生活一个月），但不足以维持一种中产或上层阶级的体面生活。[①] 当法拉比决定加入这个显赫宫廷时，他并未放弃自己的原则。这只有一种解释：他是十二伊玛目派教义的坚定支持者——正如本书（第15章）所显示的——他毫不犹豫地成为这个圈子的一个独立成员，欣然接受什叶派哈姆丹王公的邀请[②]。这显然是他看重的唯一荣誉和赏识。在塞夫·道莱的宫廷中还有其他一些什叶派学者、诗人和作家，如菲拉斯（Abū Firās）、穆塔纳比（al-Mutanabbī）、赫拉维（Ibn Khālawayh）和努巴塔（Ibn Nubāta）。法拉比可能并没有注意到他的著名赞助人性格中那些不尽如人意的方面。

二

这是一位哲人作为哲人而写的书，在这本书中他不是俯身向未受训练的普通大众说话，也不是特别指向专业的严格意义上的哲学学徒。法拉比写过一些相对宽泛的诉诸当时一般大众的著作，其中几本最近已经被发现和出版。《卓越城邦公民意见诸原则》看来是其中最晚也最成熟的一本，就像现存的各种手抄本所

---

① 见阿施特（Eliyahu Ashtor），《中世纪东方价格与工资史》（*Histoire des prix et des salaries dans l'orient medieval*, Ecole Pratique des Hautes Etudes, Paris, 1969），页61。

② ［译按］据马赫迪在《法拉比的非完美城邦》一文中考证，按吉夫提和乌绥比阿（沃尔泽的最终依据）给出的法拉比离开巴格达前往叙利亚的年份（942-943），塞夫·道莱尚未占领阿勒颇，不可能存在"受邀"之说。而且，后来阿勒颇宫廷的构成人员并不都是什叶派，塞夫·道莱虽同情十二伊玛目派，但并未为此取消对巴格达哈里发政权的支持，因此，即使法拉比加入了这一宫廷也不代表他的宗教—政治立场是鄙弃巴格达而倾向什叶派的。马赫迪倾向于认为，法拉比是为了躲避首都频发的战乱而选择迁往相对安定、富庶的叙利亚和埃及（M. Mahdi, "Al-Fārābī's Imperfect State", *Journal of the American Oriental Society* 110.4/1990，页712-713）。

显示的，从10世纪到18世纪乃至其后它一直被广泛阅读并研究。它既不是为初学者写作的导论性著作——有几本法拉比的此类著作已经刊行——也不是对希腊哲学著作的纯粹学术评注，后者属于我们知道的那种从晚期希腊化时期开始的对柏拉图、亚里士多德和其他哲人的系列著作的评注，例如法拉比对亚里士多德《解释篇》的评注，此书已经有一个附有相当出色的背景解释的英译本行世[①]。而我们知道标题的他所作的其他评注，尚未在各图书馆发现，不过仅就刊行的这一本而言，已经能够使我们以一种新的、更恰当的眼光来审视伊本·西那和伊本·鲁世德在这个领域取得的成就，并更准确地评估他们所作的注释的价值。

因此，《卓越城邦居民意见诸原则》应当被视为一个10世纪伊斯兰哲人、为某种他所设定的特殊目的而写的、诉诸当时作为阿拉伯语读者的穆斯林公众的著作。它不是一部希腊原著的翻译——这里的所谓希腊原著是指9到10世纪时被翻译成阿拉伯语、随后在拜占庭希腊文明中佚失的古代晚期希腊哲学著作——也不是对这样一部著作的因应时代条件的改写。它不是一本教学指南，也不是为传授古代文物的信息而作。作者不是一个凭其特殊天赋与品味、偶然获得某种迄今不为人所知的知识，并力图把这种知识灌输给读者的教师。他的目的毋宁是对他引进伊斯兰世界——这正是他所从属的世界——的材料做适应性调整，以给出一个针对时代的知识与宗教—政治问题的新的——我认为在他看来也是最好的——答案。他所给出的答案确实不是出于纯正的阿拉伯或伊斯兰传统。就像在以肯迪和拉齐为杰出代表的前辈穆斯林思想家那里一样，这个答案完全是源出于希腊的，无论就其观点、论证还是就其解决方案而言；但是，它被认为是普遍有效的和

---

① 齐默曼：《法拉比对亚里士多德〈解释篇〉的的评注和短论》(F. W. Zimmermann, *Al-Farabi's Commentary and Short Treatise on Aristotle's De Interpretatione*, Classical and Medieval Logic Texts III, Oxford University Press, 1981)。

绝对真实的,不受限于任何特定的时间或条件。他所采取的这种立场,预设了对柏拉图和亚里士多德的全面了解以及普罗提诺前后(公元3世纪)的晚期希腊思想家对此二人的理解进路。没有对法拉比所依靠的希腊传统的全面而详尽的分析,就不可能评价他的原创性;而这种分析正是眼下这部著作的主要任务之一。就像我说过的,《卓越城邦公民意见诸原则》的结构是法拉比本人设计的,因此,对它的安排与内容作一导论性的概览将是十分恰当的。而且,这将使我们能够理解这部书的伊斯兰意旨,并在千载之下尽可能地如实评价它的重要性。

这部书所诉诸的老练读者,自己并不从事哲学而能够理解哲学,乐意接受哲人们探讨所得的结论而并不追问根本原理、也不熟知达到这些结论的进路与论证。他们应当至少熟悉哲学的基本概念。我们必须假设——我认为这个假设是正当的——这样一个读者群存在于法拉比的时代,这里不是一个合适的场合去猜测这个群体除书记官阶层外还有什么其他的构成成分。这本书以一种冷静而明晰的风格写成,作者并不试图通过转移话题或应用有吸引力的修辞手段来获得文学成就,也不诉诸权威出处,尽管后者作为预设存在于本书的每一页背后。在希腊方面它不像普鲁塔克被称为"道德论"的通俗哲学论文,①同时它也不像米斯凯威关于哲学论题的优美文学论文。法拉比在抽象和简练的风格上看来要胜于肯迪,但在明晰性上不及较为年长的同时代人拉齐。他倾向于避免在书中使用专门的伊斯兰词汇,几乎只用阿拉伯哲学语言,这种语言刚刚从广泛传播的希腊文与叙利亚文著作翻译中生成,并通过科学、数学、哲学方面的前辈们的努力而变得更加丰富和灵活。他的书能被所有阿拉伯语读者理解;而且,有充分证据表明,在穆斯林之外它也被

---

① 罗素:《普鲁塔克:古典生平与书信》(Donald Andrew Russel, *Plutarch: Classical Life and Letters*), London, 1973, 页63-69。

说阿拉伯语的基督徒和犹太人如迈蒙尼德和法拉格拉(Falaguera)[①]所了解。而当他应用专门的伊斯兰词汇时,有理由推测他是有特殊目的的,如果把这些地方理解为失误,那将是严重的误解;这一点可以被明确地论证,我们会在合适的场合展示此种论证。

法拉比在《卓越城邦居民意见诸原则》中所提出的哲学观点不限于任何一个特殊论题,而是涉及广泛而多样的知识领域,事实上,几乎所有希腊思想者宣称可以被理性所解释的问题都被法拉比视为是值得提及的。超自然的因而是无法理解的现象是不被允许的,任何事物的原因都是可确定的。但这145页上下的阿拉伯文本并不是一个不加区分的、不加批判的晚期希腊思想者的流行观点的汇集。这些思想者组织材料的次序事实上也被《卓越城邦居民意见诸原则》遵循,然而,法拉比在表述观点时还是做出了饶有意味的调整。这部著作的划分如下:(1)头三章(相当于第一部和第二部,主要关注第一因和众天界存在者)讨论不变的、永恒的月上世界,这个问题在第6、7章中也有所论及;(2)4-9章(第三部,关注于对除人之外的自然事物的生成的某些侧面的有选择性的分析)讨论由有生有灭的事物组成的月下世界;(3)10-14章(第四部)同样有选择性地探讨人的生理与伦理本性:10-12章一般性地探讨人的身体与灵魂,13章探讨人类理智的一些侧面,14章专门探讨灵魂的异象官能;(4)15-17(第五部)章讨论人类共同体的结构和种族问题:15章讨论卓越城邦及相对于它的各种偏离,16章讨论不同城邦居民的灵魂的死后命运,17章讨论哲学(自然神学)与宗教象征主义以及各种辩证神学的分歧;(5)18-19章(第六部)以引人瞩目的篇幅关注蒙昧与迷途城邦(也就是法拉比当日所居之城)的居民的各种错误观点。

---

① 法拉比:《柏拉图的哲学》(Alfarabi, *De Platonis philosopia*, ed. F. Rosnthal and R. Walzer), *Corpus Platonicum Medii Aevi. Plato Arabus 2*, Londinii, 1943, 页 xix。

三

看到这张内容清单,预期读者可能会略为惊奇地发现,法拉比既没有限定在理论哲学即形而上学和自然科学上面(构成此书前十章的内容),也没有限定在孤立考虑的人(11-14章)上面。当一个晚期希腊哲学的学生面对一本新的哲学著作,不会期待比这更多的内容;当发现该书超过三分之一的篇幅是用来对人类共同体的应然结构作学术性的描述同时还暗含有对当日诸种弊端的严厉谴责,他或许会感到震惊。在古典希腊,可以与之相比的政治哲学兴趣是由柏拉图、亚里士多德和斯多亚学派的领袖们建立的,并在各种极其不同的政治环境中一再复兴。但是,在普罗提诺和普罗克洛斯的哲学信条主导的新柏拉图主义脉络中,政治哲学在很大程度上被废弃;较之其他新柏拉图主义潮流,这一脉络在随后几世纪的拜占庭传统中更为成功地生存下来,并在意大利文艺复兴时代传至西欧。法拉比的新柏拉图主义中对政治学的异乎寻常的强调,具有特殊的意义,它对理解柏拉图哲学王观念之所以在穆斯林世界有引人注目的复兴至关重要。毕竟,法拉比既不是生活在像公元前4世纪的雅典那样的希腊城邦,也不是生活在希腊化托勒密王朝的埃及那样的民族国家,更不是生活在罗马共和国或罗马帝国。他从属于一个组织结构颇为不同的人群共同体,即一个由哈里发——第三个伟大的希伯来宗教的先知——创立者穆罕默德的宗教与世俗继承人——统治的幅员辽阔的穆斯林国家。这个共同体所面对的政治权威问题是非常吸引人的,同时也是非常困难的,因而希腊遗产对穆斯林新来者是十分有用的。

法拉比在此书中所呈现的另一个非常重要的思想侧面,也是很容易观察到的,这就是:他对自己所触及的各哲学分支的特殊细节毫不关心。比如说,在此书中,天文学、一般自然科学、生物学、心理学、形式逻辑的各种不同侧面几乎全部被忽略,而这些问题是他在其他著作中所关注的,是在整个希腊哲学史上被热切地探讨和解释的,也是被所有同时的及后来的杰出穆斯林哲人们所了解的。他并未就这些主题选择给出一个全面而详尽的概览——就像伊本·西那在他的百科全书式著作"治疗书"(al-Shifā') 中所作的——他在此处所强调的是遍及于自然世界、随处可见的体现为比例均衡的公正。法拉比认为,这一点对此书的目的以及他想借此书传达的信息来说是决定性的,因此,他抓住每一个机会强调自然的这种等级秩序,并根据这一考虑来选择材料,以呈现由永恒月上世界和生成变化的月下世界构成的宇宙结构以及人体的目的论设计。在很大程度上基于自由选择的人类行为,应当遵循在人类领域之外牢固确立的原则。这在第 15 章 4-6 节中被以一种强烈的、略显冗长的、学究式精确的方式强调,成为全书的关键信息,在重要性上只有第 17 章能与之相比。我们被告知,人类具有独立的伦理生活,他不是遗传的产物、只具有天生的个人秉性,他自己的努力对他的完善也具有本质性的贡献。在自由的慎思中他能够也应该做出自己的选择,按照统摄自然的比例均衡和公正来行动,进而上升至《卓越城邦居民意见诸原则》前文描述的灵性世界的荣耀之中。根据法拉比同时也根据柏拉图和亚里士多德,既然人不能脱离共同体独自生存,他的主要关切就应当是努力达到完满城邦即卓越城邦,一个具有符合自然中所呈现的公正范型的最高秩序的伦理共同体。这应当是哲学思想和——如果机缘成熟的话——符合哲学的行为的最崇高目标,它最终可被视为柏拉图主义真理对穆斯林世界现实的一种令人赞叹的适应。

法拉比写作计划的复杂结构必须以两种方式来理解——这也是眼下这项研究的任务——其一是从希腊柏拉图主义的悠久历史的背景来理解,其二是从新建立的启示宗教伊斯兰教、尤其是当时的穆斯林辩证神学与稍早及同时代的关于至高之主的穆斯林神学辩论的背景来理解。伊斯兰教词汇——除安拉(Allāh)之外,还有伊玛目(imām)、启示(waḥy)、先知(nabīy)、神圣之灵(rūḥ al-qudus)、天使(malā'ika)——出现于此书的主要段落中。但法拉比绝没有暗示他是在描绘一个想象的天界,他所关注的是现实生活,正如柏拉图在他的时代对自己著述的期许。

四

对法拉比在《卓越城邦居民意见诸原则》中所使用的希腊哲学来源的探寻不可能取得绝对确定的结果。结果只能是这样,因为只有一小部分希腊哲学著作在5到8世纪间能够被叙利亚人和阿拉伯人读到,这些著作继而又传到拉丁西方,从而被西方学者所知。从另一方面看,对法拉比《卓越城邦居民意见诸原则》所依靠的希腊思想的不同层次的分析,使我们能够重建一套精心结撰的关于形而上学及其他哲学主题的观点,这套观点极有可能回溯到查士丁尼时代,即公元6世纪早期。如果不误解术语的话,可以说这是一种完全的书本式哲学。人们或许会好奇那个假定的希腊原本(the putative Greek source)①和法拉比的新著作在多大程度上重合;不幸的是,在原本与法拉比之间的三百年中的中间环节仍是未知的,但是,即使是由前人使用过的元素构成,法拉比这部著作的结构也完全可以是自身同质的。

各种不同形式的柏拉图与亚里士多德观点的综合,在晚期希

① [译按]马赫迪指出,法拉比在所有著作中从未透露任何关于此"假定原本"的信息,沃尔泽也未发现任何直接证据证明存在一个包含《卓越城邦居民意见诸原则》基本内容的6世纪希腊哲学文本;而且,按照沃尔泽的假设,这个原本被译成阿拉伯文且传至法拉比手中,经过如此长久的连续传承和众多的中间环节,不可能不留下任何痕迹,但事实是历史上毫无关于这个文本的报道;马赫迪判断沃尔泽之所以对这样一个并无实据的"原本"孜孜以求,是基于传统哲学史家对于法拉比思想独立性或原创性的过低预设(同注157,页698-699)。

腊哲学中十分常见。近年来对亚里士多德思想的研究,使柏拉图与亚里士多德在主旨上基本一致的观点比以前清晰了很多,耶格尔(W. Jaeger)的亚里士多德研究进路的重要性最初并没有被广泛注意到。直到最近它的特殊意义才被承认,尽管亚里士多德思想对中期柏拉图主义和普罗提诺的影响非常明显,在波菲利之前(公元3世纪后半叶)柏拉图与亚里士多德一致论在柏拉图学派的教学纲要中并未占据显要位置。而法拉比明确接受并以多种方式表达了这一观点①。

在进入细节之前,值得指出的是,《卓越城邦居民意见诸原则》的政治学部分(15-19章)并不是像前面的章节一样是柏拉图主义和亚里士多德主义学说的混合,而是——尽管有一些值得注意的例外和补充——对柏拉图《王制》的解释,这种解释预设了罗马帝国的存在、并且在对同一主题的处理所允许的最大限度内与普罗克洛斯的《王制》评注相歧异。我毫不怀疑在公元六世纪时这样一部评注曾经问世;我们有根据相信,尽管不被普罗提诺和普罗克洛斯之流所喜好,政治柏拉图主义在古代晚期并未绝迹,虽然主要的希腊文证据没有存留下来。

我会首先列举一些关于亚里士多德主义在一种偏向柏拉图主义的氛围冲击下作出轻微调整的例子。我们知道普罗提诺在教学中经常用到亚里士多德的著作注释,这些注释在公元二世纪时有所更新,而晚期新柏拉图主义者如辛普里丘在注释亚里士多德方面也有杰出的贡献,接下来就是阿拉伯注释家们。

对亚里士多德(他的名字在《卓越城邦居民意见诸原则》中并未提到)的系统化解释——将他视为一个封闭体系的作者、尽管他本人绝不是也从未意图成为这样一个作者——在例如第8-9、10-12章中是显而易见的,法拉比将第10章对人类灵魂的解释建

① 法拉比,《柏拉图的哲学》(见页135注①),页xix,页428。

基于自己对阿芙罗蒂西亚的亚历山大的《灵魂论》的评注之上。但是,亚历山大遵从亚里士多德将理性官能至于心脏即身体的统领器官之中,而法拉比则与普罗提诺同调,对灵魂的这一官能作纯粹精神的理解,并不把它置于任何处所(见第10章)。亚里士多德的“隐德莱希”(entelechy)对于一种普遍有效的灵魂论而言是太物质化了。在第2章及其他地方,关于“一”的亚里士多德主义形而上学与中期柏拉图主义的混合,是与普罗提诺等人对由太一发出的无时间、无意志过程的描述——即从保持自身同一的不变的存在之源流溢出永恒宇宙的学说——联结在一起的。在不同层级的存在者逐渐下降的流溢次序上,法拉比和普罗提诺并不一致——《精诚兄弟会书信集》(*the Epistles of the Sincere Brethren*)更为紧密地追随普罗提诺和普罗提诺主义者们——但在采取这种新的方式来说明永恒创造时所遵循的是同一种原则。亚里士多德及其学派的第五元素(即构成天体的以太)被放弃,取而代之的是新柏拉图主义的可理知质料(见第7章)。如同亚历山大的《灵魂论》,能动理智同样被归于超越性的世界,但是,它不再与第一因(即太一)同一,而是成为最低级的非物质的月上理智,负责统治生成之物的世界(第3、13、15章)。就像在柏拉图的《法义》和亚里士多德的神学著作中一样,形而上学建基于天文学,但后者不再是欧多克苏斯(Eudoxus)和凯里普斯(Callipus)的过时的(公元前)4世纪天文学,而是公元2世纪的伟大天文学家托勒密的较为晚近的体系(第3章)。

法拉比的那位希腊前辈有意识地偏离以5世纪雅典柏拉图学园领袖普罗克洛斯的各种著作为代表的正统新柏拉图主义道路。这里有一些主要的观察点看来与对法拉比的历史评价相关。一段时间以来,学者们已经意识到法拉比的思想有可能最终来源于阿摩尼乌斯(Ammonius)学派的亚历山大里亚希腊哲学传统,对他的现存著作的各自独立的研究都指向这同一个方向。这里或许有一种过分夸大亚历山大里亚学派与雅典学派的分歧和对立的危险，有一些意见被不必要地尖锐化，但是，分歧毫无疑问是存在的。

如上文所示，没有理由假定政治柏拉图主义在古代晚期已完全灭绝，法拉比也不是在政治气候重新变得适宜于此种学说后复兴它的第一人。从盖伦、欧西比乌斯（Eusebius）、特米斯提乌斯的报道以及从一群新柏拉图主义者的主动敌意中，[①]我们不仅知道它确曾复兴，而且一个无可争辩的事实是，柏拉图的《王制》和《法义》在法拉比之前就存在于9世纪从希腊文译成阿拉伯文的文献中，就我们所知，翻译家们不是由法拉比、而是由肯迪之流委托完成这一工作的。事实上，法拉比运用他们的翻译，并且手头一定有一种或多种对柏拉图政治思想的直白的、非寓意的阐释。

法拉比并未接受新柏拉图主义学派主流所坚持的毫不妥协的否定神学，也就是说，他并不排他地以"他不是"的方式描述神。他也强调——但并不过度强调——太一的超越性。他没有像普罗提诺和普罗克洛斯那样区分太一和神圣理智（普遍理智），而是遵循亚里士多德及其学派以及中期学园的柏拉图主义者的作法将二者视为同一。因此，他的观点与《精诚兄弟会书信集》也不一致。

他对能动理智的处理也遵循同一路线。普罗提诺并不使用这个名词，但它在更学院化的后期新柏拉图主义语境中似乎被用于指称普遍理智——如果一个人从阿芙罗蒂西亚的亚历山大将能动理智等同于亚里士多德的第一因的观点出发，这将是很容易理解的——在《精诚兄弟会书信集》中普遍理智实际上被称为能动理智。法拉比的解决方式可能与继承普罗克洛斯雅典柏拉图学园领袖地位的巴勒斯坦尼波利斯的马里努斯（Marinus of Neapolis in Palestine）参与的一场争论有关。这个观点由法拉比传给了伊

---

① 维斯特林克："柏拉图哲学的匿名序言"（Leendert Geerit Westerink，"Anonymous prolegomena to Platonic philosophy"，*Prolegomena philosophiae Platonicae*，North-Holland Pub. Co.：Amsterdam，1962，页26）。

本·西那,后者总体上要比法拉比更倾向于普罗提诺立场。

较之亚里士多德及其后期追随者过时的天文学,法拉比更青睐托勒密天文学,这意味着拒斥普罗提诺僵硬贫乏的教条主义,而更倾向于一种不再能被宝贵却破烂的旧外衣所包裹的新理论。这种境况可以与后来伽利略的困境相比:但普罗克洛斯作为垂死异教的哲学领袖之一,绝不具有教皇法庭所具有的世俗权威。

在我看来,我们还无法下定论,法拉比此书及其他类似著作中简化的上界结构是他原创的还是来自一个希腊前辈。两种可能性现在看来都是开放的。

在关于人及伦理学的方面,对极端、偏颇的出世主义的拒斥和对或许可被称为正统新柏拉图主义的厌恶感则更为明显。波菲利及其后的新柏拉图主义教师区分了自然的和自愿的死亡,后者是指一种皈依哲学后的道德重生。这一在晚期希腊哲学文本中频繁出现的观点,被法拉比列在迷途城邦的意见之中,是不被接受的(19 章第 6 节)。

波菲利的素食主义立场并未出现在法拉比对和平城邦意见的批评性讨论中,这看似漠视其实表达了些微的异议。与此相关的是法拉比对与神的神秘联合的否定态度,这种联合在许多新柏拉图主义者看来——正如普罗提诺和波菲利多次宣称的——乃是坚持不懈的理智努力的高潮和目标,用多德斯教授的话说:"截止到 6 世纪末,它已经成为学派教诲的一个公认部分,一种专业化的公式。"[①]法拉比将这种神秘联合斥为老妇闲谈,伊本·西那继承了他的观点,称波菲利为这种观点的捍卫者和宣扬者。

所以,发现以下这点并不令人吃惊,法拉比将灵魂的异象能力——他并不否定其存在——置于低于形而上学家的理性的地位

---

① 多德斯:"普罗提诺哲学中的传统与个人成就"(Eric Robertson Dodds, "Tradition and Personal Achievement of the Philosophy of Plotinus"), *Journal of Roman Studies*, 50 (1960), 页 137 以降。

上,并使它们在很大程度上依附于理性:它们只是辅助和强化理智的成就(见14、15章)。这又一次将他与新柏拉图主义主流以及任何其他形式的神秘主义和诺斯替主义区分开来。

五

试图从一个10世纪受过教育的阿拉伯穆斯林的眼光来看《卓越城邦居民意见诸原则》这样一部中世纪阿拉伯文本,不像从晚期希腊或拉丁基督教思想出发来做同样的工作那么常见。法拉比在这本书中很少提及和他思想相同的作者、也不给出他持异议的作者的名字,但这一事实并没有使这个工作变得容易一些。古今的哲学权威连同伊斯兰的神学作者都受到此种对待。像伊本·西那一样,他首要关注的是直接的原因、他试图阐明的主题以及真理自身。他的观点最初由谁说出、当代有谁最鲜明地支持这些观点,对他而言并不重要。他预设他的读者了解那些他经常虽未直接说明却清楚指向的政治、宗教和地方状况。他始终一贯地应用8-10世纪基督徒翻译家们引进阿拉伯语散文中的那种抽象文体。这意味着,他所使用的词汇大部分是不同寻常的,经常对应于希腊语或叙利亚语名词,因而与常见的阿拉伯词汇并无明显关联。有意识地使用没有哲学意涵的纯伊斯兰宗教词汇的场合,是非常罕见而值得注意的例外(如上文提到的那些),如前面指出的,当它们出现于《卓越城邦居民意见诸原则》中时总是有特殊的意义。

另一困难源于以下事实,早期穆斯林宗教文本尤其是伊斯兰辩证或思辩神学——与哲人们宣扬的自然神学不同——方面的著作,相对于伊斯兰征服之前数个世纪的东罗马帝国的希腊哲学而言,仍较少为人所知。大部分相关的希腊哲学文本的现代编辑版本现在能很容易地被研究者得到。但许多早期穆斯林的基本文献尤其是较为精致的凯拉姆文本现在刚刚从长期的忽视中逐渐浮现出来。同时,另外一些先前看来是无可挽回的佚失的著作,被成功地从运用它们的较晚著作中还原出来。在很多情况下,对先前未知文本的初步编辑和基本解释工作仍然需要有人承担。这个领域的研究状况很明显是不断变化的。这无疑是一种极具挑战性和吸引力的状况,我们永远不知道有什么惊喜在等着我们。① 然而,当我们能够澄清《卓越城邦居民意见诸原则》的希腊来源的时候,我们尚未获得一个能从同时代穆斯林神学的角度评价此书的立足点。但这仍是值得一试的工作。

法拉比没有明确批评那些坚持按照字面意思理解伊斯兰宗教文本的人们,他不同意他们的观点但远未达至控诉原教旨主义者的程度。他非常清楚,任何人都是从这种水平起步的(见 17 章第 4 节)。他对已在规范的伊斯兰教学体系中获得一席之地的教法学(Fiqh)不感兴趣,但他并没有将它从他的完美城邦中完全排除,他更愿意修正它并在自己的框架中给予它一个合适的位置,正如法律在柏拉图的多卷遗著中的地位一样②。他不倾向于在他出生前就已建立的各教法学派中的任何一派。他对希伯来或任何其他形式的宗教都无敌意,只要它依附于哲学:它的效力仅限于某一群人,而哲学真理是普遍有效的。穆斯林宗教术语被哲学概念所定义,并建立在对世界的哲学解释的基础之上。

然而,一个老练的穆斯林读者可能不会满足于上面给出的关

---

① 这方面的研究著作有侯兰尼的《伊斯兰理性主义》(G. Hourani, *Islamic Rationalism*, Oxford, 1971)和梵艾斯(van Ess)的一系列著作。关于穆尔太齐赖派方面,见迈克尔·舒瓦茨《早期凯拉姆中的"获得"论》与《关于穆尔太齐赖派派凯拉姆中"强制"观念的几点观察》(Michael Schwarz, "Acquisition in Early Kalām", in *Islamic Philosophy and Classic Tradition*, Oriental Studies 5, Oxford, 1972; "Some Notes on the Notion of Iljā' in Mu'atazilite Kalām", *Israel Oriental Studies*, 2/1972, 页 413–27);什叶派伊玛目学说方面,见多米尼克·索德尔与詹宁·索德尔《论伊斯兰古典文明》(D. Sourdel, J. Sourdel, *La civilization de l' Islam classique*, Les Grandes civilizations, Paris, 1968)。

② 见法拉比《学科列举》(注 46 [即本书页 32 注②])第五章。

于法拉比此处的伊斯兰背景的解释。从另外两个某种程度上同类的、并不植根于哲学兴趣的观点出发,他可能要求更多细节。法拉比抽象的推理方式,在前哲学的伊斯兰传统中只有一个对应物,后者既是神学的也是政治的,须知在伊斯兰教中从一开始政治与神学就密切相关,因为伊斯兰教从不满足于仅仅为脱离实体政治的个人提供终极拯救的许诺与保证。这就是被称为凯拉姆的几乎同样隐晦的辩证神学,它也需要一些并非所有人都能获得的抽象思维训练。法拉比对于凯拉姆学家心存疑虑[①]:他们在终极目标方面不同于他,在使用的论证的性质(至少部分来自希腊)方面也有问题。但他仍愿意将同时代的凯拉姆当作通向哲学的也许并非不适宜的进阶,在证据允许的限度内我们可以判断法拉比相当熟悉辩证神学探讨的论题,后者在哲学化的自然神学出现之前已经在阿巴斯王朝早期牢固确立,我将着重依赖公元 10 世纪上半叶穆尔太齐赖派方面的文献和我们手头拥有的关于十二伊玛目派学说中弥赛亚主义方面的少量证据。[②]

我相信,法拉比在写作《卓越城邦居民意见诸原则》时很可能并未想到某篇特定的穆尔太齐赖派论著,但他应该会考虑当代著述及讨论中所有那些有助于从伊斯兰方面阐明他的著作的观点与论证。很明显,他的目的在于展示他对伊斯兰教传统的解释在原则上和细节上都要优于凯拉姆学家所能提供的全部东西。但涉及到十二伊玛目派就是另一个问题了,它意味着对当代最引人关注的争议问题采取某种明确立场。在我看来,对法拉比所采取立场的充分理解——这个问题是劳斯特教授(Professor Laoust)在数年前首先向我指出的——是理解作为穆斯林作者的法拉比的关键。至于穆尔太齐赖派与十二伊玛目派的某些关联,已经被索德尔教

① 见法拉比《学科列举》及本书第 17 章。

② 见以上(注 212[即本书页 144 注①])舒瓦茨两文,以及索德斯书(页 173 以降)。

授注意到(见下文),更多相关材料很可能还会陆续出现。

我们会举几个例子来说明这个一般规律,更详细的出处可以在评注中找到。穆尔太齐赖派和法拉比(第一章)都采取了一种否定神学版本,即太一是一个独一无二的存在者,因而不能通过类比于人类经验的方式获得理解,但与此同时又是一个超越的理智,用穆尔太齐赖派不那么精确的语言来说,就是具有感觉和知识,也就是说,具有某些肯定的性质。在这方面,法拉比和穆尔太齐赖派——以及他的中期柏拉图主义希腊前辈——不同于肯迪、普罗提诺以及基督教新柏拉图主义者伪狄奥尼索斯。

正如他的宗师亚里士多德和希腊柏拉图主义者们,法拉比坚持人可以在向他开放的不同的行为方向中作出自由选择,而并不依赖于某种超自然的神圣预定(第13章)。由此他与穆尔太齐赖派同道,尽管后者采取此种立场是出于法拉比并不接受的某些不同的宗教考虑。穆尔太齐赖派坚称,人在善恶之见拥有自主的自由选择。在这方面,凯拉姆运用与哲学相同的术语,即"选择"(ikhatiyār,对应于希腊文的 prohairesis)。法拉比和穆尔太齐赖派同样拒斥一般穆斯林传统的宿命论,后者在某些方面类似于斯多亚派的哲学教诲。

那些在活着时没有达到直觉理性水平的灵魂将没有死后生存,他们在此世一直处于蒙昧状态、沉溺于物质世界、其短视而无益的行为仅锁定那些无价值的目标。这些灵魂与他们的身体一道分解、消亡(16章第7节)。这些论证出现于希腊传统,尽管不那么常见但并非不重要。令人惊异的是,它们不仅从属于同一个内在一致的希腊教诲,而且还给出了这位哲人关于对9世纪神学探讨有重要意义的一个难题的解答。这个难题是:在先知穆罕默德到来之前死去的人或与穆罕默德同时但还没来得及获得伊斯兰信息或由于其他原因无法获知这一信息的人在末日审判中是否应当受罚?一个杰出的穆尔太齐赖派神学家给出的答案与法拉比相同，但法拉比会说，与辩证神学家的推理方式相比，他的解决方式更严整、更合理。这为以下现象提供了另一例证，一个古老的传统在前所未有的问题探讨中可能呈现出新的合理性，因为它现在处于一个全新的语境中。当我们在阅读中不得不适应穆斯林哲人的写作方式时，我们必须非常审慎地前进，不要过于鲁莽地奔向结论。

此处并不适宜条列出每一处神学与哲学一致、汇合的地方，这些内容会在评注中提出。在这里我们满足于仅仅提到第一章7-10节、第二章4-5节中关于神的诸多圣名的探讨。像穆尔太齐赖派一样，法拉比并不预设神——事实上在这些段落中法拉比所谈及的是第一因——具有诸多相互区别的永恒属性，后者是艾什尔里派教导的。此处又一次耐人寻味地显示出，他是多么热切地在这一宗教的专属领域展示哲学的优越性。他不持异议的神学传统和他所坚持的哲学教诲都在神之意志的问题上保持沉默。我们在上面已经指出，他将通行的宗教词汇如安拉、一般意义上的天使、启示天使、神圣之灵、先知预言都等同于某些普遍可接受的抽象概念，在此处仍值得重申这一点。还应注意的是，在1-9章中对宇宙的详细描述，以及将从虚无创世论置换为来自新柏拉图主义的永恒创造论的作法，与传统的和穆尔太齐赖派的对世界——由神的有意识行为所创造——的描述都不相同，而且法拉比希望他的读者明确意识到这一分歧。

我们在上文已经着重指出法拉比与那些出世的、神秘主义的形而上学家们的分歧，以及他与任何一种拒斥和贬低可见世界、完全倾向于来世生命的态度之间的分歧。这不仅意味着他不可能与当世的神秘主义运动的领袖——这些人是最初的苏非①——合作，而且他还毫不含糊地拒斥这种对伊斯兰教的新解释。他有意

① 劳斯特：《伊斯兰宗派：伊斯兰宗教研究导论》（Henry Laoust, *Les schismes dans l'Islam. Introduction a une etude de la religion musulmane*, Bibliotheque historique, Paris, 1965，页159以降）。

识地坚持关闭这道门户,而后来安萨里则选择通过这道门进入他所认为的超出理性界限的宗教世界。

法拉比显然不想照搬柏拉图的哲学统治下的完美城邦计划来倡导一种乌托邦式的哲学王理想。他也不想写一本哲学小说,他真正关注的是当代的哈里发国家,一种伊斯兰教带来并逐渐发展的最高政权类型。他并不打算在当代激烈讨论的议题———一场无法解决的、至少在此后两个世纪中始终在进行的争论——上保持中立。他明确赞同阿里—什叶派提供的答案,在众多向他开放的可能性中选择了十二伊玛目派(见 15 章 11-14 节)。他同样明确地将自己区分于当代什叶派的另一强大分支,这就是政治上十分活跃并具有诺斯替主义倾向的易司马仪派,后者刚刚于公元 910 年在北非建立了与巴格达相敌对的哈里发政权。他不赞同巴格达的哈里发政权,生活在"和平之城"时感觉就像个流放者或异乡人。哈姆丹王朝的立场对他是有吸引力的,而后来在 945 年(其时他已离开)进入巴格达的白益王朝的亲什叶派态度可能是最合他的喜好的。正如我们将要展示的,《卓越城邦居民意见诸原则》作者的基本观点与十二伊玛目派对伊斯兰教的解释若合符节:对第一个哲学王—先知的描述;截止到伊玛目隐遁的各种不同的后继者群体;对穆罕默德之后延续的启示的强调;对这种与上界的联系的哲学定义,即将其视为直觉性的形而上学推理所能达到的最高程度。这种启示与第 14 章所描述的"真实的异象"相关联,后者出现于想象官能中;这种异象接近于直觉推理但仍依附于它。在我看来,法拉比对十二伊玛目派的基本观点给出了一种最充分、最恰切的描述。

在一篇重要的文章[①]中,索德尔教授提醒我们注意一些另外

① 索德尔:《论十一世纪谢赫穆菲德的伊玛目观念》("Les conceptions imamites au debut du XIe siecle d'apres le Shaykh al-Mufid", in *Papers on Islamic History 3*, Oxford, 1973, 页 187-200)。

的十二伊玛目派教诲,我认为这些教诲符合法拉比倡导的观点并且符合他认为可以支持十二伊玛目派学说的观点。

穆尔太齐赖派关于神义论和人对其行为负责的信念,被十二伊玛目派强烈坚持,后者在这方面应和了法拉比的教诲,即人类的自由选择是存在的。就像穆尔太齐赖派巴格达支派的巴尔希(al-Balkhī)和法拉比一样,他们也不探讨神的意志和神圣属性问题。同样令人印象深刻的是他们关于十二伊玛目派的哈里发及其忠实追随者(这些人在伊玛目的指引下获得了关于真理的完全知识)的复活的看法。他们不需要等到审判日而是直接进入天园①。毫无疑问这与所有确立的伊斯兰传统相反,后者不会承认任何群体有这种特权,无论其如何杰出。然而,我们一旦了解了十二伊玛目派的信条,就能对第 16 章的开头数段获得一种全新的未曾预料的洞见:它们读起来就像是对十二伊玛目派这一末世论信条的哲学评注,这一信条是他们毫不含糊地真诚相信的。法拉比在传授一种并不新异的新柏拉图主义观点时无疑是考虑到了十二伊玛目派的这一教理的。他希望他的著作能同时以两种不同的方式读解。②

读者或许想知道当法拉比谈到迷途城邦及其伪称获得神圣启示的统治者(15 章 19 节以及 19 章)时他心中的实际所指。我倾向于相信这是指向易司马仪派以及作为骗子和伪先知的乌贝德拉('Ubaydallāh)。③

---

① 索德尔:《论十一世纪谢赫穆菲德的伊玛目观念》("Les conceptions imamites au debut du XIe siecle d'apres le Shaykh al-Mufīd", in *Papers on Islamic History 3*, Oxford, 1973, 页 195)。

② [译按] 沃尔泽所列举的十二伊玛目派持有的与法拉比相近的观点,事实上都不是什叶派所原创,而是吸取自新柏拉图主义和穆尔太齐赖派,后二者作为法拉比相关思想的来源更为直接;还有更为关键的一点,法拉比从他的哲学立场出发并不接受唯有阿里血脉才能担当哈里发—伊玛目的设定,而这恰恰是什叶派包括十二伊玛目派最核心的教理,具体论证见穆赫欣·马赫迪《法拉比的非完美城邦》(注 157,页 707-709)。

③ 见劳斯特书(注 216)页 48。

搜寻新柏拉图主义

——评沃尔泽《法拉比论完美城邦》

勒纳(Ralph Lerner)

鸿篇巨制总是令人心生敬畏。这部书无疑是已故剑桥大学阿拉伯与希腊哲学导师、英国国家学术院院士沃尔泽学术贡献的一座丰碑。但是,需要指出的事实是,这部博学之作的结果是令人不安且困惑的,因为沃尔泽为我们呈现的法拉比形象,时而是一位在思想史上发生恒久影响的人物,时而又变成一个不值得花费时间去关注的角色。

要追究造成这样大相径庭的结论的原因,需要同时考察这位10世纪巴格达哲人自己说了什么和这位20世纪学者是如何呈现这一切的。值得庆幸的是,这个编校评注本不仅制造了困惑,还提供了解惑的途径。在这部法拉比代表作的编校本中,沃尔泽不仅在参考各种早期手抄本的基础上还原了此书可能的原始结构,并提供了一个折衷众家的文本,还完成了它的第一个英译本。有此书在手,任何一个有志还原法拉比微妙的政治学教诲的英文读者,都可以获得一个相当不错的起步。尽管这部著作中的一些段落看起来像是由法拉比其他政治学文本中的讨论加工而成——特别是《获得幸福》(*The Attainment of Hapiness*)、《政治家箴言》(*Aphorisms of the Statesman*)、《城邦政制》(*The Political Regime*)——但它们却绝非简单重复。如果对它们加以综合考虑,就会发现,法拉比对这些似曾相识以及另外一些并不那么熟悉的主题的不同处理,为读者提供了一个洞察柏拉图深刻而富有活力的政治教诲以及这位(继亚里士多德之后的)"第二导师"所采取的特殊表述模式的全新视野。

如同这个译本所呈现的,法拉比的这一文本有大致 39000 字。它的确切标题,《卓越城邦居民意见诸原则》(*Principles of the Opinions of the Inhabitants of the Virtuous City*),表明这部书按其主题被归入法拉比众多著作中的政治科学这一门类。然而,法拉比将读者引领到《卓越城邦》的政治学章节的导论却似乎过于冗长。在读过全书的大半篇幅——包括第 1、2 章论第一因,第 3-9 章论物理学、第 10-14 章法拉比版本的人论——之后,读者终于得见书名所承诺的内容:第 15-19 章论卓越城邦及与其相反的城邦之居民的意见。事实上,如此长篇幅的预备,已经被书名所暗示,因为它不是卓越城邦居民的意见,而是他们意见的原则。

对哲学与宗教关系的复杂论述,是法拉比全部政治学作品的主题之一。《卓越城邦》也不例外。尽管此书没有他的一些其他著作中出现的引人注目的表述——比如《获得幸福》中哲学在时间上先于宗教的论断——但它确实重申并发展了法拉比政治学的基本框架。其中一些显著要件是:以明显的世俗化方式重释启示,对哲学分析的潜在政治危害性的敏锐关切,和对实现一个健全的政治共同体所必需的"活的智慧"(living wisdom)的强调。

立法者与其后继者的关系,被归于哲学和宗教关系的主题之下,在法拉比的政治学中占据重要位置。城邦建立者的品质,类似——有时重合——一个潜在哲人的品质,就像柏拉图在《王制》第 6 卷中所描述的。但法拉比的城邦建立者不是只会坐谈美、高贵、正义的文弱之辈,而是深谙幸福当以何种行动来实现。他拥有修辞技巧,强健体魄,甚至有可能具有预言能力,凭借后者引领他人——那些不懂哲学、冥顽不灵的大众——达到他们的恰当归宿。

这就是卓越城邦、卓越民族甚或整个文明世界的元首(first chief),也就是《箴言》中所说的真正王者,《获得幸福》中的真正哲人。按《城邦政制》中所指出的,“他就是那个应当被认为是获得启示的人”。

法拉比将先知这一宗教概念吸收到哲人—立法者这一世俗概念之中,这一举动及其意义率先被施特劳斯(Leo Strauss)在其发表于1934-1936年间的一系列研究中注意到并作出评论①。遗憾的是,这些先驱性著作并未进入这个版本长达38页的参考书目之中。眼下我们只需要指出,元首也可能是一种宗教的创立者,一个以民间形式表达哲学真理的人。《卓越城邦》中所描述的哲学品质(15:12),看似完全不包括《获得幸福》中所列出的作为一个好公民和好的共同体成员的那些品性(第60节)。同样,如果细加比较法拉比各种著作中对政治主题的相应处理,会越发证实这个第一印象:《卓越城邦》不像其他一些著作那么果断、大胆、一贯激进。或许,这些文本对哲人—统治者的不同描述对应于不同的立法形势,在这些形势下,宗教律法有时不能对流行的意见与生活方式作出妥协,有时却必须作出妥协。

无论如何,法拉比,正如柏拉图,对这种真正王者传承的可能性始终是存疑的。但是,这些罕见品质集中于一个个体或一个少数群体,乃是城邦建立者的事业存续的条件。论者或许会说,这样一个群体或合格王者的序列,构成一个单一灵魂,一个单一王者。这个群体的任何成员都有资格改变先前颁布的律法,因为他与他

---

① 施特劳斯,《迈蒙尼德论先知预言及其来源》(“Maimunis Lehre von der Prophetie und ihre Quellen”),刊*Le monde oriental*(Uppsala)28(1934):99-139,又《哲学与律法:迈蒙尼德及其前辈散论》*Philosophie und Gesetz: Beiträge zum Verständnis Maimunis und seiner Vorläufer*, Berlin, 1935),Fred Baumann 英译《哲学与法律》(*Philosophy and Law: Essays toward the Understanding of Maimonides and His Predecessors*, Philadelphia, 1987),另见《迈蒙尼德和法拉比论政治科学》(“Quelques remarques sur la science politique de Maimonide et de Farabi”),刊*Revue des etudesjuives* 100(1936):1-37。

的前辈是一体的,体现了同样的立法意图和智慧层级,后二者是原初的哲学—政治行动的根本原理。这种传承一旦中断,一种新型统治必须产生。活的智慧的统治将被原先的哲人—统治者所规定的律法的正典化产物所取代。因此,次级统治者除必需的自然性情外还需要具备守成者的特殊品质。当然,智慧仍是不可或缺的,尽管法拉比只用"哲人"这个词来指称元首。除此之外,这种继任者——无论个体还是群体——必需具备元首确立的律法和习俗的知识,并遵循它们;具备从规定的、被预见的情形推论出未规定的、未被预见的情形下适用律法的能力。最后——但绝非不重要——他还需要掌握对公众发言并指挥作战的技巧,缺乏后二者,将无从结盟也无从御敌。

法拉比对哲学式治邦术的局限性以及在哲学上不断强化、更新启示的必要性的清醒洞察,使《卓越城邦》的最后四章呈现出与众不同的特点。尽管第 16、17 章的很大一部分在《城邦政制》和《获得幸福》中能找到类似对应者,但法拉比绝没有简单地重复自己。而第 18、19 章的内容则完全超出其他著作的范围,延伸到对构成各种蒙昧与迷误城邦之意见基础的原则的详述。只是在这里,法拉比才提到具体人名,但也只是征引了恩培多克勒、巴门尼德以及其他一些未指明的自然哲人的观点。耐心的现代读者将发现这里有很多内容值得慎思,因为法拉比复述了(只带有暗含的评论)一连串意见,后者涉及到自然中冲突的普遍性,人类联合的各种所谓"基础",对于公正与虔诚的不同宣称,理性在把握(以及语言在表达)关于其本性有争议的存在者的真理方面的能力。

在这部书中,就像在他的其他政治学著作中一样,法拉比表现出将政治哲学建立于自然哲学基础上的倾向。因此,发现卓越城邦意见诸原则贯穿所有层级的存在者,一点都不令人吃惊。法拉比像亚里士多德一样认为,自然是由等级不同的部分构成的。这对于天体、月下物体、人类灵魂(10:2)、哺乳动物同样适用,也延伸性地适用于卓越城邦(15:6)。这座城邦被称为卓越的,是因为它在众多城邦中是唯一符合自然的,体现出真正的上下区分。正是在这一科学基础上——不是在流俗意见的基础上——每一部分生来就是服务于比它高贵的部分的。

法拉比严格坚持的这一古典政治哲学原则,与他所处理的以下主题密切相关:思想优越者通过模仿和再现向他人传达真理所采取的可能方式。不仅这些模仿本身按照与被再现对象的接近或忠实程度而被区分等级,那些表述这些再现的人也会被划分等级(14:10-11)。在清醒或睡眠时接受关于特殊事物或可理知对象的知识、进而通过想象的方式将其传递给他人的理智能力——它独立于感官知觉——就其最高形式而言被称为先知预言。即使考虑到法拉比言辞俭省的一般标准,《卓越城邦》的这一陈述也让人觉得特别隐晦:“所有这些都是对理性官能的辅助。”(14:10)这里的极度简约暗示了此书与《城邦政制》、《获得幸福》中不那么有所保留的相应分析之间的可能关联。当一部著作的主题要求某个主题需要得到较充分的处理时,法拉比几乎从不吝惜篇幅。相应的,他的会心读者也能够从他的暗示中推出他所要传达的内容。《卓越城邦》中的这一小部分内容,在两个半世纪后,成为迈蒙尼德在《迷途指津》(II 36-38, 40-45)中所发挥的先知论的核心。法拉比行文或许精简,但其文本绝不单薄。

沃尔泽的评注完全是另一种风格。他涵盖阿拉伯文本及其对照翻译的博学详释(36 页导论,173 页压缩排印的评注包含 1077 条注释,一个对于评注的索引,后者包含 195 个词条),是全面的同时——作者自己承认——也是冗长的。但我们所关切的,是这种学术研究将带给我们什么样的理解。

沃尔泽呈现的法拉比抱有一个宏图构划:引进古代异教徒的思想资源并使它们融入穆斯林世界。无论是就穆斯林的思想架构还是就希腊人的原初思想而言,这都可称为大胆之举,尽管这并非沃尔泽的用词。沃尔泽还坚信,在阿拉伯世界,法拉比属于第一批在并不熟悉希腊理性思维的人们中间提出理性宣称(the claim of reason)的思想者,他有一个通过哲学推动改革的计划。

沃尔泽对法拉比的用语十分敏感,发现他对伊斯兰术语刻意回避但偶尔有意识的偏离这一原则。同样,沃尔泽提醒读者注意法拉比行文的精确和有意控制。他体会到,法拉比力图表达他认为必须说出的,哪怕这会牺牲文体的优雅。而且,他在指出本书与柏拉图的《王制》及《第七封书信》的类同言辞之后,还为法拉比辩护,断言法拉比已将这些言辞思想化为己用,他并不是因为不能用自己的言辞表述其所感所思而简单地抄录柏拉图。

沃尔泽凭借其百科全书式的博闻强记来支持他所建构的法拉比形象。沃尔泽的法拉比或许是一个新柏拉图主义形而上学家,但同时也是一个偏离甚至拒斥新柏拉图主义正统及通行神学学说的思想者。沃尔泽赞赏法拉比处理问题的开放性,在这方面将他与柏拉图相比。他接受了一个传统的信念框架,但在对宇宙与人的哲学解释中只给它——以及对这个信念框架的神学思辨——以次要的地位。在所有这些方面,法拉比都表现得像是一个既诉诸时代争议问题又不陷入其中的人物;他那些明显的无时间性的、理论性的抽象思辨,诉诸他的同时代人也诉诸我们,同时诉诸穆斯林与非穆斯林,实际上是诉诸具备按希腊方式进行抽象推理能力的每一个人。

在为这些评价给出坚实的间接证据之后,沃尔泽又被一种疑虑——或者毋宁说一种假设所征服。他设想一个普通的晚期希腊哲学学徒对《卓越城邦》的可能反应,他会觉得这本书古怪、不适时、甚至令人震惊。鉴于沃尔泽对那个时代文献的广博知识,我们倾向于接受他的说法。[作者的以下]特征需要解释:他对当时普遍感兴趣的哲学—科学问题的忽视,以及他对政治学不同寻常的重视。对于柏拉图的政治哲学,普通的新柏拉图主义者们或者并不欣赏或者认为过时。如果说普通学徒和博学教授都对此感到困惑,那至少后者还试图去解决这一难题。

一个例子就足以表明沃尔泽是如何被他那个沉默的、未加争辩的假设误导而陷入更大的困惑的。法拉比持有一种非典型的、同时有别于柏拉图和新柏拉图主义者的政治柏拉图主义,这让沃尔泽印象深刻。比如,法拉比将完满的人类共同体区分为小、中、大三种规模,分别对应于城邦、民族、整个文明世界(15:1-2)。在沃尔泽看来,这说明法拉比遵循一种思路,该思路预设了罗马帝国或萨珊波斯或至少是亚历山大大帝征服构划的存在,否则,像法拉比这样的哲人绝不可能谈及一个世界国家。沃尔泽在接下来的评注中展现出异乎寻常的博学和才智,力图搜寻他所谓的"推定的希腊来源",后者是一个大概先于法拉比三个世纪的哲人,法拉比从他那里学到了大部分使他(法拉比)有别于同行的观点。

观察沃尔泽如何赋予这个"法拉比可能追随的形而上学家"、"法拉比可能依靠的尚未被确认的新柏拉图主义者"(沃尔泽书,页395)以生平、性格、动机,是十分令人惊异的。沃尔泽一再——据我统计超过40次——诉诸这个谜一样的中间人来解释法拉比思想的独特性或者他对常规的偏离。如果法拉比不遵循普罗提诺及其追随者的标准用词,那很可能就是因为他被某个"早于普罗提诺或晚于普罗提诺但有意识地忽略新柏拉图主义的思想者"的某种"未知的希腊宇宙论思想"所影响(沃尔泽书,页356)。如果法拉比是宣扬某一特殊观点的第一人,在沃尔泽看来,他还很有可能依靠一个晚期希腊传统,尽管很不幸,法拉比的"直接来源看来是佚失了"(页363)。没有必要再繁冗地复述这些例子,因为它们有数十处之多。面对这些例子,健全常识大概会止步、不再去侦探癖式地追寻那个"失窃"的来源,而是反问是否有可能法拉比受柏拉图本人的影响超过受新柏拉图主义者的影响,甚至能够在这二者之间作出区分?是不是有可能当法拉比使用一个传统的类比

(analogy)来实现自己的独特意图时,他并没有追随任何前人的足迹而是走出了他自己的路?

沃尔泽对法拉比原创性的全然否定,既有暗示(页437,484),也有明示(页454-55)。这一假设所导致的困难是很明显的:法拉比被说成是追随一个佚失的希腊文本,同时删去了不符合他目的的内容,尽管在此没有提供一丁点支持这个"推定的希腊文本"曾经存在的证据。对法拉比来源的追溯又导致对来源之来源的进一步追溯,并且是以一种同样迂远而耽于幻想的方式:《卓越城邦》的一部分看来"最终是建基于希腊化和晚期逍遥派思想,后者可能通过阿弗罗蒂西亚的亚历山大的某部未知著作而追溯至法拉比的希腊先驱"(页419)。这里就是整支军队沉陷的一片塞波尼斯沼泽(a Serbonian bog)。

沃尔泽对所谓的法拉比来源的描述,即将其描述为"一个拥有一套相当独立的思想框架的杰出的柏拉图主义者"(页444),再适合法拉比本人不过了。[沃尔泽指出]"无可置疑的事实是,在法拉比之前柏拉图的《王制》和《法义》已经在9世纪被从希腊文翻译成阿拉伯文了",既然法拉比已经能够凭其才智直接研读柏拉图著作的"完整文本"(页426),还有什么必要在幻想的驱使下去不倦的追溯法拉比的那个未知的柏拉图主义先驱、去追溯某个晚期希腊非普罗提诺式的柏拉图主义传统?我相信,最简单的回答就是,沃尔泽对他的作者有过低的评价。他的法拉比机械地、不加质疑地、甚至盲目地追随并复制一个传统(页435, 445, 467, 495)。"他重复肯定已被建立的观点为自明的、并未意识到它们在哲学上是可以被质疑的这一事实"(页463)——倘若它是一个事实——这个评价并不适用于法拉比。但沃尔泽所接受的未经质疑的前提使他不曾看到或想到别种可能。如果他悬搁对法拉比思想能力的过低判断,他或许会想到——比如说——法拉比所设想的"大型"完满政治共同体并不需要以罗马或波斯为原型,而完全可以指一神普世宗教，后者的诉求超越了政治家和哲人的“[城邦]礼法”(nomoi，见迈蒙尼德《论逻辑》第14章)。然而，同样的，我们很难期待这种思想开放性，特别是当人们“不再充分意识到这些预设的假设性质，并且数世纪未加质疑的传统使它们看来像是自明的”(页435)。

图书在版编目(CIP)数据

论完美城邦：卓越城邦居民意见诸原则之书/法拉比著；董修元译.
--上海：华东师范大学出版社，2016.1
(经典与解释·古典学丛编)
ISBN 978-7-5675-3922-8

I. ①论… II. ①法… ②董… III. ①哲学-普及读物 IV. ①B-49

中国版本图书馆 CIP 数据核字(2015)第 171821 号

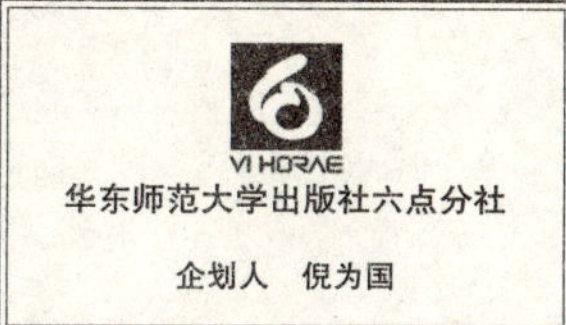

古典学丛编

论完美城邦——卓越城邦居民意见诸原则之书

著　　者　法拉比
译　　者　董修元
审读编辑　黄　涛　于　浩
责任编辑　彭文曼
封面设计　吴元瑛

出版发行　华东师范大学出版社
社　　址　上海市中山北路 3663 号　邮编　200062
网　　址　www.ecnupress.com.cn
电　　话　021-60821666　行政传真　021-62572105
客服电话　021-62865537　门市(邮购)电话　021-62869887
地　　址　上海市中山北路 3663 号华东师范大学校内先锋路口
网　　店　http://hdsdcbs.tmall.com

印 刷 者　上海景条印刷有限公司
开　　本　890×1240　1/32
插　　页　2
印　　张　5.25
字　　数　110 千字
版　　次　2016 年 1 月第 1 版
印　　次　2016 年 1 月第 1 次
书　　号　ISBN 978-7-5675-3922-8/B.966
定　　价　35.00 元

出 版 人　王　焰

(如发现本版图书有印订质量问题，请寄回本社客服中心调换或者电话 021-62865537 联系)